Le mystère de l'an[illegible]t plus grand que le mystère de la mort.

*

Les femmes sont faites pour être aimées, pas pour être comprises.

*

Il est absurde de se donner des règles absolues sur ce qu'il faut lire et ce qu'il ne faut pas lire. Plus de la moitié de la culture moderne repose sur ce qu'il ne faut pas lire.

*

Les femmes, comme l'a dit quelqu'un, aiment avec leurs oreilles, les hommes, eux, aiment avec leurs yeux, s'il leur arrive jamais d'aimer.

*

Mieux vaut être beau que bon, mais mieux vaut être bon que laid.

*

Rien n'a l'air aussi innocent qu'une indiscrétion.

*

On peut supporter l'adversité, elle vient de l'extérieur et n'est qu'accidentelle. Tandis que souffrir pour les fautes qu'on a commises – ah ! c'est là que la vie nous blesse.

*

Seule la beauté est à l'abri des outrages du temps. Les philosophies s'effritent comme du sable, les croyances se succèdent les unes aux autres, mais ce qui est beau est une joie en toutes saisons, une jouissance éternelle.

*

Les questions ne sont jamais indiscrètes ; les réponses le sont parfois.

*

Une femme qui a aimé pendant vingt ans ressemble à une ruine ; mais vingt ans de mariage font d'elle une sorte de bâtiment public.

*

Il n'existe qu'une certitude définitive sur la nature humaine, elle est changeante.

*

N'importe qui peut compatir aux souffrances d'un ami, mais seule une personne dotée d'une nature exceptionnelle est capable de se montrer sensible au succès d'un ami.

*

L'égoïste n'est pas celui qui vit comme il lui plaît, c'est celui qui demande aux autres de vivre comme il lui plaît ; l'altruiste est celui qui laisse les autres vivre leur vie, sans intervenir.

*

Un homme qui ne pense pas par lui-même ne pense pas du tout.

*

Prétendez-vous bon et l'on vous prendra très au sérieux. Prétendez-vous mauvais et il en ira autrement. Telle est l'effarante stupidité de l'optimisme.

*

De nos jours, il est fort dangereux pour un mari de donner la moindre preuve d'attention à sa femme en public. Les gens pensent toujours qu'il la bat quand ils sont seuls. Le monde est devenu tellement méfiant envers tout ce qui ressemble à un mariage heureux.

*

Les comédiens ont bien de la chance. Ils peuvent choisir de jouer dans une tragédie ou dans une comédie, de souffrir ou de se divertir, de rire ou de verser des larmes. Ce qui est différent de la vie réelle. La plupart des hommes et des femmes sont obligés d'y tenir des rôles pour lesquels ils n'ont aucune qualification. Le monde est une scène de théâtre, mais les rôles ont été mal distribués.

*

Les hommes connaissent la vie trop tôt ; les femmes connaissent la vie trop tard – c'est là toute la différence entre les hommes et les femmes.

*

Une seule chose au monde est pire que de savoir qu'on parle de vous, savoir qu'on ne parle pas de vous.

*

La vie n'est gouvernée ni par la volonté ni par l'intention. La vie est une affaire de nerfs, de fibres et de cellules lentement amassées, c'est là que se cache la pensée, là que la passion vit ses rêves.

*

L'homme est un être aux vies innombrables, aux sensations innombrables, une créature complexe et multiforme qui porte en elle-même d'étranges héritages de pensée et de passion, et dont la chair même est infectée par les monstrueuses maladies des morts.

*

Tant qu'une femme peut donner l'impression d'avoir dix ans de moins que sa propre fille, elle est parfaitement satisfaite.

*

Les tragédies des autres contiennent toujours des éléments de médiocrité infinie.

*

J'ai toujours pensé qu'un homme qui désire se marier devrait soit tout savoir, soit ne rien savoir.

*

La pire besogne a toujours été accomplie avec les meilleures intentions.

*

Pourquoi parlez-vous de la vie avec tant de frivolité ? Parce que je pense que la vie est une chose bien trop importante pour qu'on puisse en parler avec sérieux.

*

Quel dommage que nous ne tirions les leçons de la vie que quand elles ont cessé de nous être utiles.

*

La famille n'est qu'une horde de parents assommants qui ignorent tout à fait comment vivre et sont incapables de deviner quand ils devraient mourir.

*

La charité suscite une multitude de péchés.

*

Mon expérience m'a appris que dès que les gens sont

suffisamment âgés pour savoir à quoi s'en tenir, ils ne savent plus rien du tout.

*

La vérité est une chose des plus compliquées, la politique une affaire des plus compliquées. Il est difficile de saisir tous ces rouages. On peut avoir certaines obligations envers des gens, dont il faut s'acquitter. En politique, tôt ou tard, il faut faire des compromis. Tout le monde en fait.

*

Les hommes sont capables d'aimer ce qui est indigne d'eux – ce qui est bas, souillé, déshonoré. Nous, les femmes, quand nous aimons, nous adorons ; et quand nous avons perdu notre adoration, nous avons tout perdu.

*

Le principe de base du mariage est une incompréhension mutuelle.

*

Il y a des moments où il faut choisir entre vivre sa propre vie pleinement, entièrement, complètement, ou traîner l'existence dégradante, creuse et fausse que le monde, dans son hypocrisie, nous impose.

*

L'amour romanesque est le privilège des riches et non l'occupation des sans-emploi. Les pauvres devraient être prosaïques et avoir le sens pratique.

*

Une rencontre qui débute par un compliment va nécessairement se transformer en amitié véritable. Elle commence comme il faut.

*

Les vérités de la métaphysique sont les vérités des masques.

*

Les gens heureux ont leur valeur dans notre monde, bien qu'il ne s'agisse que d'une valeur négative de repoussoir. Ils font ressortir la beauté des malheureux et la fascination qu'ils inspirent.

*

Dans ce monde il n'existe que deux tragédies : ne pas obtenir ce que l'on veut, et obtenir ce que l'on veut. La dernière est de loin la pire – la dernière est un vrai drame.

*

Aux yeux de quiconque a lu l'Histoire, la désobéissance est la vertu originelle de l'homme. La désobéissance a permis le progrès – la désobéissance et la rébellion.

*

Il n'est pas recommandé de trouver des symboles dans tout ce que l'on voit. La vie n'est plus alors qu'une suite de terreurs.

*

Le confort est la seule chose que notre civilisation puisse nous apporter.

*

La politique est mon seul plaisir. Vous comprenez, de nos jours, il est mal vu de flirter avant quarante ans ou d'être romantique avant quarante-cinq ans, et nous autres pauvres femmes de moins de trente ans, ou du moins qui le prétendons, n'avons pas d'autre choix que la politique ou la philanthropie. Or la philanthropie me paraît être devenue le refuge de ceux qui ont envie d'ennuyer leurs prochains. Je préfère la politique. Je pense qu'elle est plus… seyante.

*

Notre passé, voilà ce que nous sommes. Il n'y a pas d'autre façon de juger les gens.

*

Dans un siècle d'une grande laideur où prime la raison, les arts n'empruntent pas à la vie, mais se copient les uns les autres.

*

Donner des conseils est toujours bête, mais donner de bons conseils est désastreux.

*

La vie tend un miroir à l'art ; soit elle reproduit quelque personnage étrange imaginé par le peintre ou le sculpteur, soit elle concrétise ce qui avait été rêvé par la fiction.

*

Je suis certain que si j'allais vivre à la campagne pendant six mois, toute ma sophistication disparaîtrait et personne ne ferait plus attention à moi.

*

Recommander aux pauvres d'être économes est à la fois grotesque et insultant. Cela revient à conseiller à un homme qui meurt de faim de manger moins.

*

Une cause n'est pas nécessairement vraie parce qu'un homme meurt pour elle.

*

Je dis toujours ce que je ne devrais pas dire ; en fait, je dis en général ce que je pense réellement – de nos jours, une terrible erreur. Cela vous expose souvent à être mal compris.

*

Les gens ne cessent de dire qu'il est beau d'avoir des certitudes. Il semble qu'ils aient complètement oublié la beauté bien plus subtile du doute. Croire est tellement médiocre. Douter est tellement absorbant. Rester vigilant, c'est vivre ; être bercé par la certitude, c'est mourir.

*

C'est une bien triste vérité, mais nous avons perdu la faculté de donner de jolis noms aux choses. Les noms sont tout. Je n'ai aucun grief contre les actions, c'est des mots que je me plains. Ce qui explique pourquoi je déteste le naturalisme vulgaire en littérature. L'homme qui appelle une pelle une pelle devrait être obligé de s'en servir. Il n'est pas capable d'autre chose.

*

Je doute beaucoup qu'un ton moral d'une grande élévation puisse conduire quiconque à la santé ou au bonheur.

*

Certaines tentations terribles demandent de la volonté – de la volonté et du courage – avant d'y succomber. Miser sa vie entière sur un unique coup de dés – que l'enjeu soit le pouvoir ou le plaisir m'importe peu –, ce n'est pas là une faiblesse. C'est un horrible, un terrible courage.

*

Il y a bien plus de raisons d'apprécier la stupidité que les gens n'imaginent. Personnellement, j'ai beaucoup d'admiration pour la stupidité. Une sorte de sympathie, je suppose.

*

Tous les hommes sont des monstres. La seule chose à faire est de nourrir ces malheureux. Une bonne cuisinière fait des miracles.

*

Les présages n'existent pas. Le destin ne nous envoie pas de messagers. Il est bien trop avisé ou cruel pour cela.

*

Pleurer est le refuge des femmes sans beauté et la ruine des jolies femmes.

*

Aimez l'art pour lui-même et tout ce dont vous avez besoin vous sera donné de surcroît. Cette dévotion à la beauté et à la création de belles choses devrait se retrouver dans toutes les grandes civilisations ; de la sorte, la vie de chaque citoyen cesse d'être une spéculation pour devenir un sacrement.

*

Il est toujours intéressant de poser une question, même si répondre ne l'est pas toujours.

*

On ne devrait jamais prendre partie pour quoi que ce soit. Prendre partie est le début de la sincérité, laquelle est suivie de près par la ferveur, alors l'être humain devient assommant.

*

L'œuvre d'art est belle parce qu'elle est ce que l'art n'a jamais été ; l'évaluer selon les normes du passé revient à l'évaluer selon des normes dont le reflet a généré sa vraie perfection.

*

Il existe trois types de despotes. Il y a le despote qui tyrannise le corps. Il y a le despote qui tyrannise l'âme. Il y a le despote qui tyrannise à la fois le corps et l'âme. Le premier s'appelle le prince. Le deuxième s'appelle le pape. Le troisième s'appelle le peuple.

*

Je ne vois vraiment rien de romantique dans une demande en mariage. Il est très romantique d'être amoureux, mais une demande en mariage explicite n'a vraiment rien de romantique. Il se peut qu'elle soit acceptée. C'est, je crois, le cas le plus fréquent. Alors toute l'excitation disparaît. L'incertitude est l'essence même de l'aventure amoureuse.

*

Les idéaux sont choses dangereuses. Il vaut bien mieux se confronter aux réalités. Elles blessent, mais elles sont bien meilleures.

*

Il est tout à fait inutile d'être plein de charme si l'on n'est pas riche.

*

Les chagrins frivoles et les amours frivoles ne meurent pas. Les amours et les chagrins grandioses se détruisent dans leur propre plénitude.

*

Un sourire éternel est bien plus fastidieux qu'un perpétuel courroux. Le premier élimine toute possibilité, l'autre en suggère des milliers.

*

Être en désaccord avec les trois quarts de l'Angleterre sur tous les points est un des premiers éléments de la vanité, une profonde source de consolation dans tous les moments de doute spirituel.

*

Les femmes vivent par et pour leurs émotions, elles n'ont aucune philosophie de la vie.

*

Tant que les guerres seront considérées comme iniques, elles continueront à exercer leur fascination sur nous. Quand on s'apercevra qu'elle sont vulgaires, elles cesseront d'être populaires.

*

Une seule chose est pire que l'Injustice, c'est la Justice qui n'a pas son glaive à la main. Sans Force, le Droit agit pour le Mal.

*

Tous sans exception, nous passons nos jours à chercher le secret de la vie. Eh bien, le secret de la vie est dans l'art.

*

La vérité n'est vraiment pas le genre de choses à dire à une jeune fille bien, douce et raffinée.

*

Les femmes aiment tellement faire des choses dangereuses. C'est une de leurs qualités que j'admire le plus.

Une femme flirtera avec le premier venu si elle se sait regardée.

*

Les Anglaises dissimulent leurs sentiments jusqu'au lendemain de leur mariage. Ensuite, elles les montrent.

*

Les actions sont la première tragédie de la vie, les mots en sont la deuxième. Les mots sont sans doute la pire tragédie. Les mots sont sans pitié.

*

Il n'y a pas dans l'art de vérité universelle. Dans l'art, une vérité est ce dont le contraire est également vrai.

*

Nos jours sont trop courts pour que nous endossions les chagrins des autres. Chaque homme vit sa propre vie et en paye lui-même le prix. Il est cependant dommage qu'il faille payer si souvent pour chaque faute. En fait, on ne cesse de payer et de payer de nouveau. Dans son commerce avec les humains, le destin ne clôt jamais ses comptes.

*

Le plaisir est le critère de la Nature, le signe de son approbation. Quand nous sommes heureux, nous sommes toujours bons, mais quand nous sommes bons, nous ne sommes pas toujours heureux.

*

Les gens qui n'aiment qu'une fois dans leur vie sont vraiment des gens superficiels. Ce qu'ils appellent loyauté et fidélité n'est pour moi qu'une habitude de torpeur ou un manque d'imagination.

*

Mieux vaut prendre plaisir à une rose qu'observer ses racines sous un microscope.

*

Un homme qui moralise est en général un hypocrite et une femme qui moralise est immanquablement dépourvue de beauté. Rien au monde ne va aussi mal à une femme qu'une conscience puritaine. Et la plupart des femmes le savent, je suis heureux de le dire.

*

Une carte du monde qui ne comprendrait pas l'Utopie ne serait même pas digne d'être regardée car elle laisserait de côté le seul pays où l'Humanité vient toujours accoster. Et après y avoir accosté, l'Humanité regarde autour d'elle et, ayant aperçu un pays meilleur, reprend la mer. Le Progrès est la réalisation des Utopies.

*

Quelle est la différence entre le scandale et les commérages ? Oh ! les commérages sont délicieux ! L'histoire n'est rien d'autre que commérages, et le scandale n'est que commérages, mais rendus ennuyeux par la morale.

*

Ce sont les personnalités et non les principes qui font avancer l'époque.

*

La vérité est rarement pure et jamais simple. La vie moderne serait extrêmement ennuyeuse si elle était l'une ou l'autre et la littérature moderne ne pourrait pas exister.

*

La majorité des gens gâchent leur vie par un altruisme malsain et exagéré.

*

Le nombre de femmes, à Londres, qui flirtent avec leur mari est tout à fait scandaleux. Cela fait mauvais genre. C'est tout simplement laver son linge propre en public.

*

Le fait que l'on ne puisse jamais répéter exactement une même émotion explique pourquoi la vie est un échec du point de vue artistique – c'est ce qui lui donne sa sordide quiétude.

*

Nous apprenons aux gens à se souvenir, nous ne leur apprenons jamais à progresser.

*

De nos jours, les gens ont l'habitude vulgaire de demander, quand on leur a donné une idée, si l'on est vraiment sérieux. Rien n'est sérieux, excepté la passion. L'intellect n'a rien de sérieux et ne l'a jamais été. C'est un instrument sur lequel on joue, rien de plus. La seule forme sérieuse d'intellect que je connaisse est l'intellect britannique, et sur l'intellect britannique, c'est toujours le vulgaire qui joue du tambour.

*

Il est absurde de diviser les gens en bons et en mauvais. Les gens sont ou bien charmants ou bien ennuyeux.

*

Il faut être philistin pour chercher à évaluer la personnalité d'après le critère vulgaire de la production.

*

Les amateurs de musique sont totalement déraisonnables. Ils nous demandent toujours d'être parfaitement muets au moment précis où nous aimerions être absolument sourds.

*

Rien n'est aussi dangereux que d'être trop moderne. On a tendance à devenir vieux jeu sans s'en rendre compte.

*

Pour le philosophe les femmes représentent le triomphe de la matière sur l'esprit, de même que les hommes représentent le triomphe de l'esprit sur la morale.

*

Il n'existe qu'une seule façon pour une femme de parvenir à réformer un homme, l'ennuyer profondément jusqu'à ce qu'il ait perdu tout intérêt dans la vie.

*

L'« ennui » est la seule chose horrible dans ce monde. C'est le seul péché pour lequel il n'existe pas de pardon.

*

On a souvent reproché aux artistes et aux hommes de lettres de manquer d'intégrité et de complétude. En règle générale, il ne peut en être autrement. Cette concentration de vision et cette ardeur véhémente qui sont justement les caractéristiques d'un tempérament artistique sont par elles-mêmes des types de limitation. Pour ceux qui se préoccupent de la beauté de la forme, rien d'autre ne semble plus important.

*

L'œuvre d'art doit dominer le spectateur. Le spectateur ne doit pas dominer l'œuvre d'art.

*

Il faudrait communier avec la joie, la beauté, la couleur de la vie. Moins on parle des horreurs de la vie, mieux ça vaut.

*

Il est impossible de rendre les gens bons par décret parlementaire – c'est déjà quelque chose.

*

L'art crée un effet unique et inimitable et, l'ayant fait, passe à autre chose. La nature, en revanche, oubliant que l'imitation peut devenir la plus réelle forme d'insulte, ne cesse de répéter l'effet jusqu'à ce que nous en soyons tous absolument dégoûtés.

*

Il est parfaitement monstrueux de s'apercevoir que les gens disent dans notre dos des choses qui sont absolument et entièrement vraies.

*

Un véritable artiste ne se préoccupe absolument pas du public. Le public n'existe pas pour lui.

*

Il ne faut jamais avoir confiance dans une femme qui vous dit son âge véritable. Une femme capable de vous dire cela serait capable de vous dire n'importe quoi.

*

Rien n'est aussi exaspérant que le calme. Le tempérament égal de la plupart des hommes modernes a quelque chose de franchement brutal. Je me demande comment nous, les femmes, le supportons aussi bien.

*

La vérité est quelque chose dont je me débarrasse dès que possible. Une très mauvaise habitude ; d'ailleurs, au club, on se fait très vite mal voir… des membres plus âgés. Ils appellent ça de la vanité. Ils n'ont sans doute pas tort.

*

Mes affaires personnelles m'ennuient toujours à mourir. Je préfère celles des autres.

*

Ne vous laissez pas entraîner sur les chemins de la vertu – c'est le pire défaut des femmes. Elles veulent toujours que nous soyons bons. Et si nous sommes bons quand elles nous rencontrent, elles ne nous aiment pas du tout. Elles aiment que nous soyons irrémédiablement mauvais lorsqu'elles nous trouvent, et nous abandonner quand nous sommes devenus horriblement bons.

*

Les hommes sont de tels poltrons ! Ils bafouent toutes les lois du monde et craignent les mauvaises langues.

*

Je ne crois pas à l'existence de femmes puritaines. Je ne pense pas qu'il existe une seule femme au monde qui ne se sente flattée si on lui fait la cour. C'est cela qui rend les femmes tellement adorables.

*

Lorsque j'ai des problèmes, manger est la seule chose qui parvienne à me consoler. D'ailleurs, quand j'ai réellement de gros problèmes, comme vous le diront tous ceux qui me connaissent un peu, je refuse tout à l'exception de la boisson et de la nourriture.

*

L'âme est vieille à la naissance mais rajeunit. C'est la comédie de la vie. Le corps est jeune à la naissance et vieillit. C'est la tragédie de la vie.

*

De nos jours on peut survivre à tout, excepté à la mort, et tout surmonter, excepté une bonne réputation.

*

Le passé n'a pas la moindre importance. Le présent n'a pas la moindre importance. C'est de l'avenir que nous devons nous occuper. Car le passé est ce que les hommes n'auraient pas dû être. Le présent est ce que les hommes ne devraient pas être. L'avenir est ce que sont les artistes.

*

En s'obstinant à rester célibataire, un homme se transforme en tentation publique permanente. Les hommes devraient faire plus attention ; c'est précisément leur célibat qui détourne le sexe faible du droit chemin.

*

Je pense que tout succès dans la vie pratique, tout succès réel, est légèrement teinté de manque de scrupules et que l'ambition est toujours empreinte de scrupules.

*

Tout homme ambitieux doit combattre son siècle avec les armes propres à celui-ci. Ce que ce siècle adore avant tout est la fortune. Le dieu de ce siècle est la fortune. Pour réussir, il faut avoir de la fortune. À tout prix, il faut avoir de la fortune.

*

J'adore les scandales qui concernent les autres, mais les scandales qui me concernent ne m'intéressent pas. Ils n'ont pas le charme de la nouveauté.

*

La modération est désastreuse. Assez n'est pas mieux qu'un repas. Plus qu'assez est aussi bon qu'un festin.

*

Les Anglais ne supportent pas un homme qui prétend avoir toujours raison, mais ils apprécient beaucoup l'homme qui admet s'être trompé. C'est un de leurs meilleurs côtés.

*

La vie n'est qu'un « mauvais quart d'heure » composé de moments exquis.

*

Nous vivons tous dans le même monde, que le bien et le mal, le péché et l'innocence, traversent main dans la main. Fermer les yeux sur une moitié de la vie en pensant vivre en sécurité, c'est comme s'aveugler par sécurité avant de traverser un pays de ravins et de précipices.

*

Les hommes mariés sont horriblement assommants lorsqu'ils sont de bons maris et abominablement vaniteux lorsqu'ils ne le sont pas.

*

Il n'y a pas d'amitié possible entre les hommes et les femmes. Il y a de la passion, de l'inimitié, de l'adoration, de l'amour, mais pas d'amitié.

*

Aujourd'hui tout le monde est intelligent. On ne peut

aller quelque part sans rencontrer des gens intelligents. C'est devenu un véritable fléau social.

*

Je ne pense pas que l'homme ait de grandes capacités de développement. Il est allé aussi loin qu'il le pouvait, ce qui n'est pas bien loin.

*

Je ne suis pas certain de bien savoir ce que le pessimisme signifie vraiment. Tout ce que je sais c'est que l'on ne peut pas comprendre la vie sans une bonne dose de charité, ni la traverser sans une bonne dose de charité. C'est l'amour et non la philosophie allemande qui nous donne l'explication de ce monde, quelle que soit l'explication de l'autre monde.

*

Je n'approuve pas tout ce qui spolie l'ignorance naturelle. L'ignorance est semblable à un délicat fruit exotique : le moindre contact en fait disparaître la pruine.

*

Une femme ne devrait jamais être trop précise au sujet de son âge. Cela lui donne un air tellement calculateur.

*

L'émotion pour l'émotion est le but de l'art, l'émotion pour l'action est le but de la vie et de cette organisation pratique de la vie que nous appelons la société.

*

Les hommes d'une grande noblesse morale sont extrêmement sensibles à l'influence du charme physique des autres. L'histoire moderne, tout autant que l'histoire ancienne, nous livre de nombreux exemples fort pénibles de ce dont je parle. S'il n'en était pas ainsi il est vrai que l'histoire serait plus ou moins incompréhensible.

*

Je réprouve les longues fiançailles. Elles permettent à chaque fiancé de connaître le caractère de l'autre avant le mariage, ce qui, à mon avis, n'est jamais judicieux.

*

Il est terrible pour un homme de se rendre compte soudainement que, toute sa vie, il n'a jamais fait autre chose que dire la vérité.

*

Trente-cinq ans est un âge fort séduisant. La bonne société londonienne ne manque pas de femmes qui ont fait le choix délibéré de ne jamais dépasser trente-cinq ans.

*

Ne parlez jamais irrévérencieusement de la bonne société. Seuls ceux qui ne peuvent pas en faire partie le font.

*

Il est toujours douloureux de quitter les gens qu'on n'a connus qu'un bref instant. On peut accepter avec sérénité l'absence d'amis de longue date. Mais il est presque insupportable de se voir séparé, même momentanément, de quelqu'un qui vient juste de vous être présenté.

*

Il est tentant de définir l'homme comme un animal rationnel qui se met toujours en colère lorsqu'il est supposé agir en accord avec les préceptes de la raison.

*

L'essence de la pensée, comme l'essence de la vie, est la croissance.

*

Ce qu'on appelle manque de sincérité est tout simplement la méthode par laquelle nous multiplions nos personnalités.

*

Dans un temple, tout le monde devrait être sérieux à l'exception de l'objet du culte.

*

Nous ne sommes jamais plus en accord avec nous-mêmes que quand nous sommes inconséquents.

*

Il y a toujours quelque chose de ridicule dans les émotions des gens que l'on a cessé d'aimer.

*

Les généralités intellectuelles sont toujours intéressantes, mais les généralités morales ne signifient absolument rien.

*

Faire partie de la bonne société n'est qu'assommant, ne pas en faire partie est tragique.

*

Nous vivons à une époque où le superflu est notre seule nécessité.

*

Ne faites jamais vos débuts avec un scandale. Réservez-le pour agrémenter votre vieillesse.

*

La société pardonne souvent au criminel, jamais elle ne pardonne au rêveur.

*

Il n'y a aucun mérite à avoir de la sympathie pour la souffrance. Il est beaucoup plus difficile d'avoir de la sympathie pour la pensée.

*

La conversation devrait aborder tous les sujets sans jamais se fixer sur un seul d'entre eux.

*

S'adresser des reproches est une sorte de luxe. Lorsque nous rejetons le blâme sur nous-mêmes, nous avons l'impression que personne n'a le droit de nous blâmer. C'est la confession, et pas le prêtre, qui nous donne l'absolution.

*

Il n'y a que deux sortes de personnes qui soient vraiment fascinantes – celles qui savent absolument tout et celles qui ne savent absolument rien.

*

Le public est d'une tolérance magnifique ; il pardonne tout, excepté le génie.

*

La vie nous fait payer trop cher ce qu'elle nous offre, et le plus insignifiant de ses secrets doit être acheté un prix exorbitant et infini.

*

Ce qui est vrai de l'art est vrai de la vie.

*

On est toujours capable de gentillesse envers les gens qui ne nous intéressent pas.

*

J'aime les hommes qui ont un avenir et les femmes qui ont un passé.

*

Les femmes, comme l'a dit un Français plein d'esprit, nous inspirent le désir de réaliser des chefs-d'œuvre et nous empêchent toujours de les mener à bout.

*

Dans les affaires très sérieuses, l'essentiel est le style, pas la sincérité.

*

La seule façon de se comporter envers une femme est de lui faire la cour si elle est jolie, de la faire à une autre si elle ne l'est pas.

*

Les femmes donnent tout aux hommes, jusqu'à l'or de leur vie. Sans doute, mais immanquablement elles veulent qu'on le leur rende en petite monnaie.

*

Définir les femmes en tant que sexe ? Des sphinges sans énigme.

*

On peut résister à tout sauf à la tentation.

*

N'allons pas chercher dans la vie notre épanouissement ou notre expérience. La vie est limitée par les circonstances, incohérente dans son expression, et il lui manque cette magnifique correspondance entre forme et esprit qui seule peut satisfaire un tempérament artistique et critique.

*

Il est dangereux de vouloir réformer quiconque.

*

Il est toujours possible de deviner immédiatement si la vie d'un homme est soumise ou non à des exigences domestiques. J'ai remarqué une triste, très triste expression dans les yeux de beaucoup d'hommes mariés.

*

Être bon, c'est être en harmonie avec soi-même. La discorde, c'est être forcé à être en harmonie avec d'autres.

*

Il est relativement rare, de nos jours, d'être témoin de passions vraiment grandioses. Elles sont le privilège de ceux qui n'ont rien à faire. C'est la seule raison d'être des classes oisives d'un pays.

*

Le secret de la vie n'existe pas. Le but de la vie, si elle en a un, est simplement de toujours aller à la recherche des tentations. Elles ne sont pas tellement nombreuses ; il m'arrive parfois de ne pas en trouver une seule de toute la journée. C'est assez atroce. On finit par douter de l'avenir.

*

Toute pensée est immorale. Son essence même est la destruction. Si nous pensons à quelque chose, nous le tuons ; rien ne survit à la réflexion.

*

Qu'est-ce que la vérité ? En matière de religion, c'est tout simplement l'opinion qui a survécu. En matière de science, c'est l'ultime sensation. En matière d'art, c'est notre dernier état d'âme.

*

Il est si facile de convertir les autres. Il est si difficile de se convertir soi-même.

*

Un peu de sincérité peut être fort dangereux, beaucoup de sincérité est tout à fait fatal.

*

La vie se joue de nous avec des ombres, comme un marionnettiste. Nous lui demandons du plaisir. Elle nous l'accorde, mais l'amertume et le désappointement lui succèdent. Nous trouvons sur notre chemin un noble chagrin qui donnera, pensons-nous, l'immense dignité de la tragédie à nos jours, mais il s'évanouit, des choses moins nobles le remplacent et un jour, devant une aurore grise et venteuse, ou devant le silence d'argent d'un soir parfumé, nous voilà qui regardons avec une surprise endurcie, ou avec un cœur lourd et de pierre, la tresse de cheveux mouchetée d'or que nous avions autrefois adorée avec tant d'ardeur et embrassée avec tant de passion.

*

Il existe deux manières de ne pas aimer l'art. La première est de ne pas l'aimer et la seconde de l'aimer rationnellement.

*

J'ai bien peur que les gens bons fassent beaucoup de tort dans ce monde. Leur plus grand tort est certainement de donner autant d'importance au mal.

*

Un sentimental est un homme qui donne à tout une valeur absurde et qui n'a aucune idée du prix de quoi que ce soit.

*

La ponctualité est une voleuse de temps.

*

Rien au monde ne peut être comparé à la dévotion d'une femme mariée. C'est une chose dont aucun homme marié n'a la moindre idée.

*

Il y a des choses qu'il est juste de dire mais que l'on dit parfois au mauvais moment et en se trompant d'auditoire.

*

La signification de tout bel objet créé est au moins autant dans l'âme de celui qui le regarde que dans celle de celui qui l'a façonné. Ou plutôt, c'est le spectateur qui donne au bel objet ses innombrables significations, qui en fait une chose merveilleuse à nos yeux et qui le relie à notre époque de manière inédite, de sorte qu'il devient une part essentielle de nos vies et un symbole de ce que nous désirerions tant posséder, ou peut-être de ce que, l'ayant tant convoité, nous craignons qu'on nous accorde.

*

La Renaissance a été une grande époque parce qu'elle n'a pas cherché à résoudre de problèmes sociaux et que ces préoccupations ne l'intéressaient pas ; elle a permis à l'individu de se développer librement, naturellement, dans la beauté ; c'est pour cela qu'elle a produit des artistes immenses et singuliers et des hommes immenses et singuliers.

*

En Angleterre, les gens essayent vraiment de briller au petit déjeuner. Ils sont épouvantables ! Seuls les gens ternes brillent au petit déjeuner.

*

Quand on est amoureux, on commence par se décevoir soi-même et on finit par décevoir les autres. C'est ce que les gens appellent l'amour romantique.

*

Le secret de la vie est de refuser toute émotion qui ne soit pas seyante.

*

Un artiste n'est jamais morbide. L'artiste peut tout exprimer.

*

Une idée qui n'est pas dangereuse ne mérite pas d'être appelée idée.

*

Lorsqu'un homme est assez vieux pour faire le mal, il devrait être assez vieux pour faire le bien.

*

Le Livre de la Vie commence avec un homme et une femme. C'est une Apocalypse qui le clôt.

*

Ne me dites pas que vous avez épuisé la vie. Quand quelqu'un dit cela, on sait bien que c'est la vie qui l'a épuisé.

*

Lorsqu'une femme se remarie, c'est qu'elle détestait son premier mari. Lorsqu'un homme se remarie, c'est qu'il adorait sa première femme. Les femmes tentent la fortune ; les hommes risquent la leur.

*

La plus haute critique est en fait le journal de notre âme. Celui-ci fascine davantage que l'Histoire car on n'y trouve que soi-même. Il a bien plus de charmes que la Philosophie car son sujet est concret et non abstrait, réel et non vague. C'est l'unique forme civilisée d'autobiographie car il ne rend pas compte des événements mais des pensées de notre vie, ne rend pas compte des accidents matériels de notre vie concernant les actions ou les circonstances mais des états d'âme et des passions imaginatives de l'esprit.

*

Pour savoir la moindre chose sur soi-même, il faut tout savoir sur les autres.

*

Le devoir est ce que l'on attend des autres, ce n'est pas ce que l'on fait soi-même.

*

Après un bon dîner, on peut pardonner à tout le monde, même à sa famille.

*

Parlez à toutes les femmes comme si vous les aimiez et à tous les hommes comme s'ils vous ennuyaient et, à la fin de votre première saison dans la bonne société, vous aurez la réputation de posséder un tact des plus parfaits.

*

L'homme – ce pauvre homme malhabile, sérieux, nécessaire – appartient à un sexe qui est rationnel depuis des millions et des millions d'années. Il n'y peut rien ; c'est dans son espèce. L'histoire des femmes est tout à fait différente. Leurs protestations pittoresques se sont toujours élevées contre la seule existence du bon sens ; elles en ont immédiatement vu les dangers.

*

De nos jours, le bon sens du mari est la raison essentielle du fiasco d'un grand nombre de mariages. Comment peut-on espérer qu'une femme soit heureuse avec un homme qui veut absolument la traiter comme si elle était un être parfaitement rationnel ?

*

Il est fort vulgaire de parler de ses affaires. Seuls les agents de change le font, et encore seulement lorsqu'ils sont invités à dîner.

*

Ne rien faire est un travail extrêmement pénible. En revanche, travailler dur ne me gêne pas s'il n'y a aucune finalité arrêtée.

*

Ne faire absolument rien est ce qu'il y a de plus difficile au monde, de plus difficile et de plus intellectuel. Pour Platon, passionné de sagesse, c'était la plus noble forme d'énergie. Pour Aristote, passionné de savoir, c'était aussi la plus noble forme d'énergie. La passion de la sainteté a conduit dans cette voie le bienheureux et le mystique de l'époque médiévale.

*

La jeunesse ! Il n'y a rien de tel. Il est absurde de parler de l'ignorance de la jeunesse. Les opinions auxquelles j'accorde un tant soit peu de crédit aujourd'hui sont celles de personnes beaucoup plus jeunes que moi. Elles semblent me précéder. La vie leur a révélé sa plus récente merveille.

*

Le romanesque vit de la répétition, et la répétition transforme une inclination en art.

*

J'adore les plaisirs simples. Ils sont le dernier refuge des personnes compliquées.

*

Il n'y a rien de tel que la jeunesse. La vie des gens d'âge moyen est hypothéquée. Celle des gens âgés est au débarras. Mais la jeunesse règne sur la vie. Un royaume s'ouvre à elle. Tout le monde naît roi, et meurt en général exilé – comme presque tous les rois.

*

Tout crime est vulgaire, exactement comme toute vulgarité est un crime.

*

La société, du moins la société civilisée, n'est jamais vraiment prête à croire ce qui peut être dit à l'encontre de ceux qui sont à la fois riches et fascinants. Elle sent instinctivement que les bonnes manières sont plus importantes que la morale et, selon elle, la plus haute respectabilité a bien moins de valeur que la possession d'un bon cuisinier. D'ailleurs, c'est une bien piètre consolation que d'apprendre que celui qui vous a offert un mauvais dîner ou un vin de mauvaise qualité est irréprochable dans sa vie privée. Les vertus cardinales elles-mêmes ne suffisent pas à racheter des entrées servies presque froides.

*

Alors que, selon l'opinion de la bonne société, se laisser aller à la contemplation est la faute la plus grave que puisse commettre un citoyen, selon l'opinion la plus cultivée c'est la seule occupation correcte pour l'homme.

*

Si une femme veut garder un homme, il lui suffit de faire appel au pire en lui.

*

Nous sommes tous dans le caniveau, mais certains d'entre nous regardent les étoiles.

*

La beauté a autant de significations que l'homme a d'états d'âme. C'est le symbole des symboles. Elle révèle tout parce qu'elle n'exprime rien. Lorsqu'elle se montre à nous, elle nous désigne tout l'embrasement coloré du monde.

*

Les hommes veulent toujours être le premier amour d'une femme. C'est là leur vanité maladroite. Les femmes ont un sens plus sûr des choses. Ce qu'elles aiment, c'est être le dernier amour d'un homme.

*

On ne connaît pratiquement pas, parmi nous, d'esprit s'exprimant un tant soit peu librement. Les gens dénoncent le pécheur, et pourtant ce n'est pas le pécheur qui nous fait honte mais l'imbécile. L'imbécillité est le seul péché.

*

On regrette de perdre ses habitudes, même les pires. C'est sans doute celles qu'on regrette le plus. Elles font tellement partie de notre personnalité.

*

C'est par l'art, et seulement par l'art, que nous pouvons nous réaliser à la perfection ; par l'art, et seulement par l'art, que nous pouvons nous protéger des sordides périls de l'existence réelle.

*

Un homme capable de dominer un dîner londonien est capable de dominer le monde. L'avenir appartient au dandy. Les gens aux goûts exquis dirigeront le monde.

*

Il arrive souvent que les vraies tragédies de la vie se produisent de manière si peu esthétique qu'elles nous blessent par leur fruste violence, leur incohérence absolue, leur absurde manque de signification, leur manque total de style. Elles nous affectent exactement comme nous affecte la vulgarité. Elles nous donnent l'impression de n'être que force brutale et c'est contre cela que nous nous révoltons. Il arrive cependant que notre vie soit traversée par une tragédie qui possède des éléments de beauté. S'ils sont réels, l'ensemble séduit notre goût des effets dramatiques. Nous nous rendons compte tout à coup que nous ne sommes plus les acteurs de la pièce mais ses spectateurs. Ou plutôt que nous sommes les uns et les autres. Nous nous regardons nous-mêmes et le merveilleux du spectacle suffit à nous charmer.

*

Lorsqu'une femme découvre que son mari est totalement indifférent à elle, soit elle néglige sa toilette, soit elle se met à porter les chapeaux très chics que lui paye le mari d'une autre femme.

*

Il est immoral de se servir de la propriété privée pour soulager les horribles maux que cause l'institution de la propriété privée.

*

C'est une erreur de penser que la passion que l'on ressent en créant transparaît réellement dans l'œuvre que l'on crée. L'art est toujours plus abstrait qu'on aimerait le croire. La forme et la couleur nous parlent de la forme et de la couleur – c'est tout.

*

On entend parfois dire que le drame de la vie d'un artiste est qu'il ne parvient pas à réaliser son idéal. Mais le vrai drame qui s'attache aux pas de la plupart des artistes est qu'ils réalisent leur idéal bien trop absolument. Car, lorsque l'idéal est atteint, il a perdu tout merveilleux et tout mystère et n'est plus qu'un nouveau point de départ vers un idéal autre que lui.

*

Les gens dont les actions sont déterminées par la logique ont des états d'âme tout aussi divers que ceux des autres. La seule différence est que leurs états d'âme n'ont pas grand sens.

*

Seules les personnes superficielles doivent travailler des années afin de se débarrasser d'une émotion. Un homme qui est maître de lui-même peut mettre fin à un chagrin aussi facilement qu'il peut s'inventer un plaisir.

*

Pour un homme ou une nation, le mécontentement est le premier pas vers le progrès.

*

L'homme se marie parce qu'il est fatigué, la femme parce qu'elle est curieuse. Tous deux sont déçus.

*

Tous les hommes sont la propriété des femmes mariées. C'est la seule véritable définition de ce qu'est la propriété des femmes mariées.

*

Je désapprouve cette manie moderne de transformer sur-le-champ les méchants en bons. Laissez donc les hommes récolter ce qu'ils ont semé.

*

Il m'est très douloureux de me sentir contraint à dire la vérité. C'est la première fois de ma vie que je suis réduit à une situation aussi pénible et je manque vraiment d'expérience pour faire une chose pareille.

*

Celui qui se retourne sur son passé ne mérite pas d'envisager un avenir.

*

C'est par des contacts avec l'art des autres nations que l'art d'un pays acquiert cette vie distincte et singulière que nous appelons nationalité ; de la même façon, par une curieuse inversion, ce n'est qu'en intensifiant sa propre personnalité que le critique parvient à interpréter la personnalité et l'œuvre des autres ; et à mesure que sa personnalité imprègne l'interprétation, celle-ci devient plus réelle, plus satisfaisante, plus convaincante et plus vraie.

*

L'homme n'est jamais moins lui-même que quand il parle pour son propre compte. Fournissez-lui un masque et il vous dira la vérité.

*

Toutes les femmes finissent par ressembler à leur mère : c'est leur drame. Jamais les hommes : c'est le leur.

*

Les femmes appartiennent à un sexe dont l'obstination nous fascine. Toute femme est une rebelle, en général en révolte sauvage contre elle-même.

*

On devrait toujours être amoureux. C'est pourquoi on ne devrait jamais se marier.

*

Nul homme n'a jamais découvert deux choses idéales. Rares sont ceux qui ont réussi à en découvrir une.

*

Devenir le spectateur de sa propre vie permet d'échapper aux souffrances de la vie.

*

L'État existe pour faire ce qui est utile. L'individu pour faire ce qui est beau.

*

Une communauté s'abrutit infiniment plus par un usage régulier de la répression que par une criminalité occasionnelle.

*

Les systèmes qui échouent sont ceux qui misent sur la permanence de la nature humaine plutôt que sur son évolution et son développement.

*

Tout art est immoral.

*

Celui pour qui le présent est la seule chose présente ne sait rien de l'époque dans laquelle il vit. Pour saisir le dix-neuvième siècle, il faut avoir saisi tous les siècles qui l'ont précédé et ont contribué à faire de lui ce qu'il est.

*

L'histoire de la femme est l'histoire de la pire forme de tyrannie que le monde ait jamais connue : la tyrannie du faible sur le fort. C'est la seule tyrannie qui perdure.

*

Le bonheur d'un homme marié est fonction des femmes qu'il n'a pas épousées.

*

En morale comme dans la vie, toute imitation est une erreur.

*

Le monde a été créé par des idiots afin que les sages puissent y vivre.

*

Les femmes nous aiment pour nos défauts. Si nous en avons suffisamment, elles nous pardonnent tout, même notre immense intelligence.

*

La société est une nécessité. Aucun homme n'a jamais eu de succès réel dans ce monde sans l'aide des femmes – or les femmes dirigent la société. Si les femmes ne sont pas de votre côté, vous êtes plus ou moins fini. Autant devenir tout de suite avocat ou agent de change ou journaliste.

*

La soumission aux sens a souvent et très justement été décriée, les hommes ayant un réflexe naturel de terreur devant des passions et des sensations qui leur paraissent plus puissantes qu'eux-mêmes et qu'ils sont conscients de partager avec des formes d'existence dont le niveau d'organisation est inférieur au leur. Mais il est fort possible que la vraie nature des sens n'ait jamais été comprise et qu'ils soient restés sauvages et animaux pour la simple raison que le monde a cherché à les faire dépérir en les soumettant ou à les tuer par la douleur, au lieu d'essayer d'en faire les éléments d'une nouvelle spiritualité, dont la caractéristique dominante serait un instinct sûr pour la beauté.

*

Les femmes apprécient la cruauté plus que tout. Elles ont des instincts merveilleusement primitifs. Nous les avons émancipées, mais elles sont restées des esclaves et continuent à chercher leur maître comme par le passé. Elles adorent être dominées.

*

Ceux qui tentent de diriger le peuple ne peuvent y parvenir qu'en suivant la populace. La voie des dieux doit être ouverte par la voix de celui qui crie dans le désert.

*

Les circonstances sont les coups de fouet que nous donne la vie. Certains d'entre nous sont contraints à les recevoir sur l'ivoire nue de leurs épaules tandis que d'autres sont autorisés à garder leur manteau – voilà la seule différence.

*

La critique est elle-même un art… Il faut lui appliquer les mêmes critères qu'à l'œuvre du poète ou du sculpteur et non la juger selon de quelconques critères d'imitation ou de ressemblance. Le critique a le même rapport à l'œuvre d'art dont il fait la critique que l'artiste au monde visible des formes et des couleurs ou au monde invisible de la passion et de la pensée. Pour parvenir à la perfection de son art, le critique n'a même pas besoin des matériaux les plus beaux. N'importe quoi peut lui servir pour atteindre son but.

*

Il est bien plus difficile de parler d'une chose que de la faire. Dans le domaine de la vie réelle, c'est évident. N'importe qui peut faire l'histoire, seul un grand homme peut l'écrire.

*

Si nous pouvions vivre suffisamment longtemps pour voir le résultat de nos actes, il se pourrait bien que ceux qui se disent bons seraient pris d'un cruel remords et que ceux que le monde dit méchants exulteraient d'une noble joie. Chaque petite chose que nous faisons passe dans l'immense machine de la vie, où nos vertus pourraient être moulues très fin et perdre toute valeur, où en revanche nos péchés pourraient être transformés en éléments d'une nouvelle civilisation plus merveilleuse et splendide qu'aucune de celles qui l'ont précédée.

*

Les enfants commencent par aimer leurs parents ; en grandissant, ils se mettent à les juger – parfois ils leur pardonnent.

*

Nous vivons à une époque où on lit trop pour parvenir à la sagesse et où on pense trop pour parvenir à la beauté.

*

Nous devrions nous imprégner de la couleur de la vie mais sans jamais nous souvenir des détails. Les détails sont toujours vulgaires.

*

Quelle chose merveilleuse que la véritable personnalité de l'homme – quand elle sera à notre portée ! Elle évoluera naturellement et simplement, comme une fleur, ou comme pousse un arbre. Elle ne sera jamais en désaccord. Elle n'argumentera pas et ne se disputera pas. Elle ne cherchera pas à prouver. Elle saura tout et pourtant elle ne se préoccupera pas de connaissance. Elle sera pleine de sagesse. Sa valeur ne sera pas mesurée en fonction de biens matériels. Elle ne possédera rien et pourtant elle possédera tout, et elle continuera à posséder ce qu'on lui aura pris, tant elle sera riche. Elle ne sera pas sans cesse à interférer avec les autres ou à leur demander d'être semblable à elle. Elle les aimera parce qu'ils seront différents. Et pourtant, sans interférer avec d'autres, elle aidera tout le monde, comme une belle chose nous aide, en étant simplement ce qu'elle est. La personnalité de l'homme sera merveilleuse. Elle sera aussi merveilleuse que la personnalité d'un enfant.

*

Le cynisme n'est rien d'autre que l'art de voir les choses comme elles sont plutôt que comme elles devraient être.

*

Avoir trois adresses inspire toujours confiance, même aux commerçants.

*

Une chose dont on ne parle pas n'a jamais existé. Seule l'expression confère une réalité aux choses.

*

Aucun homme n'est capable s'il est incapable de faire son chemin, tout comme aucune femme n'est intelligente si elle ne parvient pas à obtenir le pire des maux, le plus nécessaire, un mari.

*

Le seul charme du passé est qu'il est passé. Mais les femmes ne savent jamais quand le rideau est tombé. Elles veulent toujours un sixième acte, et lorsque la pièce a perdu tout intérêt, elles se proposent de lui donner une suite. Si on les laissait faire, toutes les comédies auraient une fin tragique et toutes les tragédies se termineraient en farces. Elles sont délicieusement artificielles, mais elles n'ont aucun sens artistique.

*

Lorsque l'on aime, c'est toujours la seule fois qu'on a jamais aimé. Le changement d'objet aimé n'altère pas la sincérité de la passion. Cela ne fait que la rendre plus intense.

*

Le vrai drame des pauvres est qu'ils ne peuvent se permettre que l'abnégation. Les beaux péchés, comme les belles choses, sont les privilèges des riches.

*

La vie humaine est la seule chose qui vaille la peine d'être sondée. En comparaison, rien d'autre n'a vraiment de valeur. Il est vrai que, lorsque nous observons la vie dans cet étrange creuset où se jouent douleur et plaisir, nous ne pouvons pas couvrir notre visage d'un masque de verre, ni empêcher les exhalaisons de venir troubler notre cerveau et embrouiller notre imagination de monstrueuses lubies et de rêves gauchis. Il existe des poisons si subtils que, pour en connaître les propriétés, il faut s'en écœurer. Il existe des maladies tellement étranges que, pour en comprendre la nature, il faut qu'elles nous aient traversés. Et pourtant, quelle immense récompense nous est donnée ! Comme le monde entier devient merveilleux ! Se rendre compte de la dure, étrange logique de la passion et de la vie émotionnelle et multicolore de l'intellect – observer l'endroit où ils se rencontrent, et celui où ils se séparent, l'endroit où ils sont à l'unisson et l'endroit où ils sont en dissonance – quel plaisir on y trouve ! Peu importe le prix à payer ! La plus petite des sensations n'est jamais trop chère.

*

Une seule classe de la communauté humaine pense davantage à l'argent que les riches, celle des pauvres. Les pauvres ne peuvent penser à rien d'autre. C'est là toute la misère d'être pauvre.

*

Vivre est ce qu'il y a de plus rare au monde. La plupart des gens existent – c'est tout.

*

La personnalité est une chose très mystérieuse. Il n'est pas toujours possible d'évaluer un homme à ce qu'il fait.

Il peut observer la loi sans pour autant être quelqu'un de bien. Il peut enfreindre la loi sans pour autant être un vaurien. Il peut être mauvais sans jamais faire quoi que ce soit de mal. Il peut commettre un péché contre la société, et pourtant, par ce péché, réaliser sa vraie perfection.

*

L'art médiéval est charmant, mais les émotions médiévales sont passées de mode. On peut toujours s'en servir dans les romans, naturellement ; mais il se trouve que les seules choses qu'on puisse utiliser dans les romans sont celles que l'on a en fait cessé d'utiliser.

*

Qu'est-ce qu'un cynique ? Un homme qui connaît le prix de toute chose sans en connaître la valeur.

*

Les bonnes résolutions sont d'inutiles tentatives pour interférer avec les lois de la science. Leur origine est pure vanité. Leur résultat est absolument nul. Elles nous donnent de temps en temps quelques-unes de ces émotions somptueuses et stériles qui ont un certain charme pour les faibles. C'est tout ce que l'on peut dire en leur faveur. Elles ne sont rien d'autre que des chèques que certains souscrivent sur une banque où ils n'ont pas de compte.

*

Quelle est la différence entre le journalisme et la littérature ? Le journalisme est illisible et la littérature n'est pas lue.

*

J'espère que vous n'avez pas mené une double vie, prétendant être pervers tout en étant, au fond, quelqu'un de bon. Ce serait de l'hypocrisie.

*

Mon mari est une sorte de billet à ordre ; je suis fatiguée de l'honorer.

*

La conscience fait de nous tous des égotistes.

*

Les bonnes résolutions sont soumises à une fatalité – elles sont toujours prises trop tard.

*

Dans le cours de notre vie nous ne pouvons avoir, au mieux, qu'une seule grande expérience, et le secret de la vie est de reproduire cette expérience aussi souvent que possible.

*

N'importe qui peut se montrer bon à la campagne. Il n'y a là-bas aucune tentation. Ce qui explique pourquoi les gens qui ne vivent pas en ville sont aussi absolument incultes. La civilisation n'est pas vraiment chose facile à atteindre. L'homme n'a que deux façons d'y parvenir. La première en étant cultivé, la seconde en étant corrompu. Les gens de la campagne, n'ayant aucune occasion d'être l'un ou l'autre, stagnent.

*

Les gens racontent tant de bêtises sur les mariages heureux ! Un homme ne peut être heureux avec une femme qu'aussi longtemps qu'il ne l'aime pas.

*

Les choses dont on se sent absolument certain ne sont jamais vraies. C'est là la fatalité de la foi et la leçon de l'amour.

*

Dans le monde philistin de la réalité, les méchants ne sont pas punis ni les bons récompensés. Le succès est accordé aux puissants, les faibles sont forcés d'accepter l'échec.

*

Rien ne devrait nuire à un homme si ce n'est lui-même. Absolument rien ne devrait pouvoir être dérobé à un homme. Ce qu'un homme possède réellement est ce qui est en lui. Ce qui lui est extérieur ne devrait pas avoir la moindre importance.

*

La moralité moderne veut que l'on accepte les normes de son époque. Qu'un homme cultivé puisse accepter les normes de son époque me semble la pire des immoralités.

*

La perplexité et la méfiance attisent l'affection pour en faire une passion, occasionnant de la sorte ces magnifiques tragédies qui seules font que la vie vaut la peine d'être vécue. Les femmes en étaient autrefois conscientes, mais pas les hommes, ce qui explique pourquoi autrefois les femmes dirigeaient le monde.

*

Le péché se grave sur le visage des hommes. Impossible de le dissimuler. Les gens parlent parfois de vices secrets. Mais ceux-ci n'existent pas. Si un pauvre infortuné a un vice, celui-ci se lit dans les lignes de sa bouche, dans la courbe de ses paupières, dans la forme même de ses mains.

*

Il existe des péchés dont la fascination réside plus dans le souvenir qu'on en a que dans l'acte lui-même, d'étranges triomphes qui gratifient la fierté plus que les passions et qui donnent à l'intellect un sentiment plus vivace de joie, plus étendu que celui qu'ils apportent ou pourraient apporter aux sens.

*

Un homme cultivé ne regrette jamais un plaisir tandis qu'un homme inculte n'a aucune idée de ce dont il s'agit.

*

Une vie ne peut être gâchée que si elle a cessé d'évoluer. Pour souiller une nature, il suffit simplement de la réformer.

*

Il y a quelques années, certaines personnes ont parcouru le pays en affirmant qu'être propriétaire comportait des devoirs. C'est tout à fait vrai. Non seulement être propriétaire comporte des devoirs, mais ceux-ci sont tellement nombreux qu'il est plutôt assommant de l'être. Si la propriété n'apportait que des plaisirs, nous pourrions l'apprécier, mais les devoirs la rendent insupportable.

*

La plupart des gens font banqueroute parce qu'ils ont trop lourdement investi dans la prose de la vie. Finir ruiné par la poésie est un honneur.

*

Les seuls artistes que j'aie jamais connus et dont le commerce était agréable étaient de mauvais artistes. Les bons artistes n'existent que par ce qu'ils font et ce qu'ils sont n'a donc absolument aucun intérêt.

*

Que sont les vertus ? La nature, nous dit M. Renan, se soucie peu de la chasteté, et il se peut fort bien que ce soit à la honte de Marie-Madeleine et non à leur propre pureté que les Lucrèce de la vie moderne doivent d'être préservées de la souillure. La charité, comme ont été obligés de l'admettre ceux dans la religion desquels elle a été formellement inclue, crée d'innombrables maux. L'existence même de la conscience, cette faculté sur laquelle on débite aujourd'hui tant de balivernes et dont les gens sont si aveuglément fiers, signale l'imperfection de notre développement. Elle doit s'allier à l'instinct si nous voulons nous améliorer. L'abnégation n'est rien d'autre qu'une méthode par laquelle l'homme cesse de progresser et le sacrifice de soi-même une survivance de la mutilation du sauvage, une partie de cette ancienne adoration de la douleur qui joue un rôle si terrible dans l'histoire du monde, et qui encore aujourd'hui produit quotidiennement des victimes et possède ses autels dans le pays. Les vertus ! Qui sait ce que sont les vertus ? Ni vous. Ni moi. Ni personne. Il vaut mieux pour notre vanité que nous exécutions le criminel car, si nous lui permettions de vivre, il pourrait nous montrer les bénéfices que nous tirons de son crime. Il vaut mieux pour la paix de son âme que le saint subisse le martyre. Il évite ainsi le spectacle horrible de ce qu'il a récolté.

*

Une hésitation, quelle qu'elle soit, est un signe de décrépitude mentale chez les jeunes et de faiblesse physique chez les vieux.

*

Nos maris n'apprécient jamais rien en nous. Il nous faut aller chez les autres pour être appréciées.

*

Les canons de la bonne société sont, ou devraient être, les mêmes que les canons de l'art. La forme est absolument essentielle. La bonne société devrait être aussi digne qu'une cérémonie, aussi peu réaliste, et devrait associer le caractère factice d'une pièce de théâtre romantique à l'esprit et à la beauté qui nous rendent ces pièces si délicieuses. La sincérité est-elle une chose si terrible ? Je ne le crois pas. Ce n'est qu'une méthode pour multiplier nos personnalités.

*

Le drame du grand âge n'est pas d'être vieux mais d'être jeune.

*

Un grand poète, un poète vraiment grand, est la moins poétique de toutes les créatures. Mais les poètes mineurs sont extrêmement fascinants. Plus leurs rimes sont mauvaises, plus ils sont pittoresques. Le simple fait d'avoir publié un livre de sonnets de second ordre rend un homme tout à fait irrésistible. Il vit la poésie qu'il ne peut pas écrire. Les autres écrivent la poésie qu'ils n'ont pas le courage de vivre.

*

Être adoré est assommant. Les femmes nous traitent exactement comme l'humanité traite ses dieux. Elles nous adorent et sollicitent continuellement nos faveurs.

*

Lorsqu'un homme traite la vie avec art, son cerveau est son cœur.

*

Le genre humain a toujours tourné en dérision ses propres drames. Comment, autrement, les aurait-il supportés ? En conséquence, tout ce que le genre humain a considéré avec sérieux relève du comique des choses.

*

La seule différence entre les saints et les pécheurs est que tous les saints ont un passé et tous les pécheurs un avenir.

*

Autrefois il était de règle de canoniser nos héros. La méthode moderne est de les rendre populaires. Les éditions bon marché des grands livres sont sans doute une bonne chose, mais les éditions bon marché des grands hommes sont absolument détestables.

*

Plus je vis et plus je suis persuadé que tout ce qui était bon pour nos pères ne l'est pas assez pour nous. En art, comme en politique, « les grands-pères ont toujours tort ».

*

Aucune femme n'est un génie. Les femmes sont le sexe décoratif. Elles n'ont rien à dire, mais elles le disent avec tant de charme.

*

L'humanité se prend bien trop au sérieux. C'est le péché originel du monde. Si les hommes des cavernes avaient su rire, l'histoire aurait été bien différente.

*

Je me demande qui a bien pu définir l'homme comme un animal rationnel. C'est la plus irréfléchie des définitions qui aient jamais été données. L'homme est tout sauf rationnel.

*

La pensée et le langage sont pour l'artiste les instruments d'un art.

*

Pour pénétrer dans la bonne société, aujourd'hui, il faut soit nourrir les gens, soit les amuser, soit les choquer – c'est tout.

*

Il ne faudrait jamais essayer de comprendre les femmes. Les femmes sont des images, les hommes sont des problèmes. Si vous voulez savoir ce qu'une femme veut réellement dire – ce qui, entre nous, est toujours assez risqué –, regardez-la, ne l'écoutez pas.

*

Les femmes ordinaires ne touchent jamais notre imagination. Elles sont limitées à leur siècle. Elles ne sont jamais transfigurées par le charme. On comprend leur esprit aussi aisément qu'on connaît leurs chapeaux. On sait toujours où les trouver. Chez aucune d'elles on ne pourra trouver de mystère. Elles font du cheval au parc le matin et papotent autour du thé l'après-midi. Elles ont leur sourire stéréotypé et leurs manières à la mode.

*

Ne dénigrez pas les cheveux teints et les visages peints. Ils ont un charme extraordinaire – parfois.

*

Avoir été bien élevé est un gros handicap de nos jours. Cela ferme tant de portes.

*

Les gens qui m'ont adoré – ils n'ont pas été bien nombreux, mais il y en a eu quelques-uns – ont toujours insisté pour continuer à vivre longtemps après que j'ai cessé de m'intéresser à eux ou eux à moi. Ils ont pris de l'embonpoint et sont devenus ennuyeux, et, quand je les rencontre, ils se lancent dans les souvenirs. Cette horrible mémoire des femmes ! Quelle chose effarante ! Et comme elle révèle leur totale stagnation intellectuelle !

*

Les examens sont de la fumisterie absolue de bout en bout. Si un homme est un gentleman, il en sait bien suffisamment, et s'il n'est pas un gentleman, tout ce qu'il aura appris ne peut que lui faire du mal.

*

Le but de l'Art n'est pas seulement la vérité mais aussi la beauté dans toute sa complexité. L'Art n'est lui-même qu'une forme d'exagération et la sélection, qui est l'esprit même de l'Art, n'est rien d'autre qu'un mode très intense de mise en valeur.

*

Le slogan populaire de notre époque est : « Retournons à la Vie et à la Nature, elles recréeront l'Art pour nous, son sang recommencera à courir dans ses veines ; elles redonneront de la vitesse à sa course et de la force à sa main. » Mais hélas ! nos efforts, bien gentils et bien intentionnés, font fausse route. La Nature est toujours en retard sur l'époque. Et quant à la Vie, elle est le solvant qui décompose l'Art, l'ennemi qui dévaste sa maison.

*

Les paradoxes fonctionnent sur le même mode que la vérité. Pour tester la réalité, il nous faut la voir sur la corde raide. Lorsque les vérités deviennent des acrobates, nous pouvons les juger.

*

La vie imite l'art bien plus que l'art n'imite la vie... Les Grecs, avec leur sens artistique sûr, l'avaient compris, car ils installaient la statue d'Hermès ou celle d'Apollon dans la chambre d'une jeune mariée pour qu'elle puisse donner naissance à des enfants aussi beaux que les œuvres d'art qu'elle voyait pendant son extase ou sa douleur. Ils savaient que la vie non seulement emprunte à l'art la spiritualité, la profondeur de pensée et de sentiment, l'inquiétude ou le repos de l'âme, mais qu'elle est capable d'emprunter les lignes et les couleurs mêmes de l'art, de reproduire la dignité de Phidias aussi bien que la grâce de Praxitèle. Ce qui explique pourquoi les Grecs étaient hostiles au réalisme. Ils ne l'appréciaient pas pour des raisons purement sociales. Ils sentaient que le réalisme rend les gens inévitablement laids et ils avaient parfaitement raison.

*

La fidélité est à la vie affective ce que la cohérence est à la vie intellectuelle – simplement la confession d'un échec.

*

Il y a beaucoup de choses que nous aimerions jeter si nous n'avions pas peur que d'autres les ramassent.

*

Les gens font bien des histoires au sujet de la fidélité ! Pourtant, même en amour il s'agit purement et simplement d'une question physiologique. Notre propre volonté n'est pas du tout concernée. Les jeunes gens veulent être fidèles et ne le sont pas ; les vieux veulent être infidèles et n'y parviennent pas – c'est tout ce que l'on peut dire.

*

Modernité de forme et modernité de contenu sont deux notions entièrement et absolument erronées. Nous avons pris la livrée vulgaire que revêt notre époque pour le vêtement des muses et passons nos jours dans les rues sordides et les banlieues hideuses de nos horribles villes alors que nous devrions être au grand air, dans les collines avec Apollon. Il ne fait aucun doute que nous sommes une race dégénérée et que nous avons vendu notre droit d'aînesse pour un plat de vérités scientifiques.

*

Seuls les sens peuvent guérir l'âme, tout comme seule l'âme peut guérir les sens.

*

Je peux accepter la force brutale, mais la raison brutale est vraiment insupportable. Il y a de la malhonnêteté à l'utiliser. C'est frapper en dessous de l'intellect.

*

Ceux qui vivent dans le marbre ou sur un panneau peint ne connaissent de la vie qu'un seul instant exquis, d'une beauté éternelle, il est vrai, mais limité à une unique note de passion ou à un seul état d'apaisement. Ceux que les poètes font vivre ont d'innombrables émotions de joie et de terreur, de courage et de désespoir, de plaisir et de souffrance. Les saisons vont et viennent en processions joyeuses ou tristes, et les années aux pieds lourds ou ailés défilent devant eux. Ils ont leur jeunesse et leur maturité, ils sont enfants et ils vieillissent. Sainte Hélène ne connaît de l'aube que ce que Véronèse en a vu de sa fenêtre. Dans l'air calme du matin, les anges lui apportent le symbole de la souffrance de Dieu. Les brises fraîches du matin soulèvent sur son front ses fins cheveux d'or. Sur cette colline basse près de la ville de Florence où les amants de Giorgione sont étendus, le soleil est toujours au zénith – un midi que le soleil d'été rend si langoureux que la svelte jeune fille nue peut à peine plonger la bulle ronde de verre transparent dans le bassin de marbre, et que les doigts effilés du joueur de luth sont posés, immobiles, sur les cordes. C'est toujours le crépuscule pour la ronde de nymphes que Corot libère au milieu des peupliers argentés de France. Elles se meuvent dans un éternel crépuscule, ces figures frêles et diaphanes dont les pieds blancs frémissent sans paraître toucher l'herbe parsemée de rosée qu'elles parcourent. Mais ceux qui avancent dans l'épopée, le drame ou le roman voient passer les mois tourmentés, les lunes croissent et décroissent, ils contemplent la nuit depuis l'étoile du soir jusqu'à celle du matin, et du lever jusqu'au coucher du soleil ils peuvent observer le jour changeant avec tout son or et toutes ses ombres. Pour eux, comme pour nous, les fleurs fleurissent et se fanent, et la terre, cette déesse aux tresses vertes, comme l'appelle Coleridge, varie sa parure pour leur plaisir. La statue est concentrée dans un unique moment de perfection. L'image qui colore la toile ne possède aucun élément spirituel qui la ferait progresser ou changer. Si image et statue ne savent rien de la mort, c'est parce qu'elles ne savent pas grand-chose de la vie, car les secrets de la vie et de la mort appartiennent à ceux, et seulement à ceux qu'affecte le déroulement du temps et qui ne possèdent pas seulement le présent mais aussi le futur et peuvent se relever d'un passé de honte ou sombrer après un passé de gloire. Le mouvement, ce problème des arts visibles, ne peut être réalisé que par la littérature. C'est la littérature qui nous montre le corps dans sa vivacité et l'âme dans son inquiétude.

*

Un peu de tragique existe derrière toute chose exquise. Les mondes doivent être en travail avant que la moindre fleur puisse éclore.

*

La beauté est une forme de génie – plus haut placée, en fait, que le génie, car elle n'a pas besoin d'être expliquée. C'est un des faits indéniables du monde, comme la lumière du soleil, ou les mois de printemps, ou la réflexion dans l'eau sombre de cette coquille argentée que nous appelons la lune. Impossible de la remettre en question, un droit divin la rend souveraine.

*

L'unique façon de se débarrasser d'une tentation est de s'y abandonner. Résistez, et votre âme se rend malade à force de languir pour ce qu'elle s'est interdit.

*

Les femmes gâchent toutes les histoires d'amour en tentant de les faire durer à jamais.

*

Pour moi, la beauté est la merveille des merveilles. Il faut être bien superficiel pour refuser de juger d'après les apparences. Le vrai mystère du monde est le visible, pas l'invisible.

*

L'idéal moderne est un homme parfaitement bien informé. Et l'esprit d'un homme parfaitement bien informé est une chose terrible. Il ressemble à une boutique de bric-à-brac, rien que des monstres et de la poussière, chaque chose marquée d'un prix bien supérieur à sa valeur réelle.

*

Influencer quelqu'un, c'est lui donner sa propre âme. L'autre n'a plus de pensées qui lui soient propres et ne brûle plus de ses passions propres. Ses vertus n'ont plus, pour lui, de réalité. Ses péchés, si tant est que le péché existe, sont empruntés. Il devient l'écho de la musique d'un autre, l'acteur d'un rôle qui n'a pas été écrit pour lui.

*

Ceux qui sont fidèles ne connaissent que le côté trivial de l'amour ; seuls ceux qui sont infidèles connaissent les tragédies de l'amour.

*

Un artiste devrait créer de très beaux objets mais sans rien y mettre de personnel. Nous vivons à une époque où les hommes traitent l'art en l'envisageant comme une forme d'autobiographie. Nous avons perdu le sens abstrait de la beauté.

*

Il faut choisir ses ennemis avec beaucoup de précautions. Je n'en ai pas un seul qui soit un imbécile. Ils sont tous des hommes à l'intellect puissant et, en conséquence, m'apprécient tous.

*

La valeur d'une idée n'a absolument rien à voir avec la sincérité de l'homme qui l'exprime.

*

J'aime les gens plus que les principes, et j'aime les gens qui n'ont pas de principes plus que n'importe quoi au monde.

*

Le but de la vie est le développement personnel. Parvenir à une parfaite réalisation de sa nature – c'est pour cela que nous sommes tous ici.

*

Il ne peut pas exister de bonne influence. Toute influence est immorale – immorale du point de vue scientifique.

*

Les mots n'ont pas seulement une musique aussi douce que celle de la viole et du luth, des couleurs aussi riches et chatoyantes que celles qui nous font admirer les toiles des Vénitiens ou des Espagnols, et une forme plastique aussi sûre et aboutie que celle qui se révèle dans le marbre ou le bronze, mais la pensée, la passion et la spiritualité leur appartiennent aussi et n'appartiennent, d'ailleurs, qu'à eux seuls.

*

Rien n'est aussi absolument pathétique qu'un paradoxe d'une réelle beauté. Le jeu de mots est un clown parmi les plaisanteries, le paradoxe bien tourné est le comédien parfait, et les meilleures des comédies tendent à la tragédie, exactement comme le tranchant le plus acéré de la tragédie est souvent tempéré d'un peu d'humour. Notre esprit est parcouru d'humeurs comme un tissu est parcouru de couleurs, et nos humeurs paraissent parfois impropres. Tout ce qui est vrai est impropre.

*

Plus on étudie la vie et la littérature, plus on ressent que derrière tout ce qui est magnifique se tient l'individu, et que ce n'est pas le moment qui fait l'homme mais l'homme qui crée l'époque.

*

Pour connaître l'origine et la qualité d'un vin, il n'est pas nécessaire de boire le tonneau entier.

*

Les gens laids et stupides sont les mieux lotis dans ce monde. Il peuvent s'asseoir confortablement et, bouche bée, regarder la pièce qui se joue devant eux. S'ils ne savent rien de la victoire, au moins la connaissance de la défaite leur est-elle épargnée.

*

L'égotisme ne manque pas d'attraits, même dans la vie réelle. Lorsque les gens nous parlent des autres, ils sont habituellement ennuyeux. Lorsqu'ils nous parlent d'eux-mêmes, ils sont presque toujours intéressants, et s'il était possible de les arrêter lorsqu'ils deviennent assommants, comme on referme un livre qui ne nous amuse plus, ils seraient parfaits, absolument.

*

De nos jours, tout grand homme a ses disciples, et c'est invariablement Judas qui écrit la biographie.

*

L'art trouve sa propre perfection en lui-même et non en dehors de lui-même. Il ne faut pas le juger selon une quelconque norme de vraisemblance. Il est un voile plutôt qu'un miroir. Il a des fleurs dont aucune forêt n'a connaissance, des oiseaux que nul bois n'abrite. Il fait et défait d'innombrables mondes et peut tirer la lune des cieux à l'aide d'un fil écarlate. À lui les « formes plus réelles que l'homme vivant », à lui les grands archétypes dont ce qui existe n'est qu'une copie inachevée. À ses yeux, la nature n'a ni loi ni uniformité. Il peut opérer des miracles à volonté, et quand il invoque les monstres des profondeurs, ceux-ci lui obéissent. Il peut demander à l'amandier de fleurir en hiver et parsemer de neige les champs de blé mûr. Un mot de lui suffit pour que le gel touche de son doigt d'argent la bouche brûlante de juin et pour que les lions ailés des collines lydiennes sortent en rampant de leur repaire. Les dryades, dans les bosquets, l'épient quand il passe et les faunes bruns ont un étrange sourire à son approche. Il est adoré par des dieux à tête de faucon, et les centaures galopent à ses côtés.

*

Si nous vivons avec des objectifs précis, nous émoussons nos émotions. Si nous vivons avec des objectifs précis, nous vivons pour une minute, pour une heure, pour une journée au lieu de vivre chaque minute, chaque heure, chaque journée. Les états d'âme de notre vie sont les beautés de la vie. C'est lorsque nous nous abandonnons à tous nos états d âme que nous vivons réellement.

*

Plus d'un jeune homme débute dans la vie doté d'un talent naturel pour l'exagération, lequel, s'il est entretenu dans un contexte propice par un entourage bienveillant ou nourri par l'imitation des meilleurs modèles, peut devenir réellement grand et merveilleux. Mais, en règle générale, il n'y parvient pas. Soit parce que le jeune homme prend machinalement des habitudes d'exactitude, soit parce qu'il se met à fréquenter la compagnie de gens âgés et bien informés. Deux choses également fatales pour son imagination.

*

Quant à croire aux choses, je peux croire à n'importe quoi, à condition qu'il s'agisse d'une chose incroyable.

*

« Connais-toi toi-même » était écrit sur le portail du monde antique. Sur le portail du nouveau monde, il sera écrit : « Sois toi-même. » Or le message du Christ aux hommes était simplement : « Sois toi-même. » Voilà le secret du Christ.

*

À Londres, on rencontre beaucoup de femmes qui font confiance à leur mari. On les reconnaît sans peine, elles ont l'air tellement malheureuses.

*

Pour ceux qui ne sont pas des artistes et pour qui vivre la réalité des faits est le seul mode de vie possible, la douleur est le seul chemin vers la perfection.

*

Les hommes succombent toujours à cette absurdité qui consiste à chercher à développer leur esprit, à le propulser dans une direction ou dans une autre. L'esprit devrait être réceptif, une harpe qui attend le vent, un étang prêt à être troublé et non un touche-à-tout qui arpente les trottoirs à la recherche d'une nouvelle pâtisserie.

*

Il n'est rien de plus beau que d'oublier, excepté, sans doute, être oublié.

*

Tout art, quand il est mauvais, s'inspire d'un retour à la vie et à la nature qu'il érige en idéal. L'art peut parfois tirer une partie de son matériau de base de la vie et de la nature mais, pour pouvoir réellement les faire siens, il faut d'abord les traduire en conventions artistiques. Dès que l'art abandonne le véhicule de l'imagination, il abandonne tout. En tant que méthode, le réalisme est un échec complet, et les deux choses que tout artiste devrait éviter sont la modernité de forme et la modernité de sujet.

*

À Londres il y a trop de brouillard et trop de gens sérieux. Quant à savoir si le brouillard produit les gens sérieux ou si les gens sérieux produisent le brouillard, je n'en ai pas la moindre idée.

*

Le mariage peut réellement détruire un homme ! Le mariage est bien plus démoralisant que la cigarette, et bien plus onéreux.

*

Cette personne est certainement tout à fait respectable. De toute notre vie, nous n'avons jamais entendu parler d'elle, ce qui en dit énormément sur quelqu'un, de nos jours.

*

La littérature anticipe toujours la vie. Elle ne la copie pas mais la façonne selon le but qu'elle se donne.

*

Tant qu'une chose nous est utile ou nécessaire, nous affecte d'une façon ou d'une autre, pour la douleur ou pour le plaisir, fait appel à notre sympathie, ou est une part vitale de l'environnement dans lequel nous vivons, elle n'appartient pas au domaine propre de l'art.

*

Je ne pourrais pas faire de scène avec ce chapeau sur la tête : il est bien trop fragile. Un mot un peu dur l'abîmerait.

*

La musique nous crée un passé que nous ignorions et éveille en nous des chagrins qui avaient été dissimulés à nos larmes.

*

Rien n'est aussi fatal pour la personnalité que la circonspection.

*

J'adore les grands dîners londoniens. Les gens intelligents n'écoutent jamais et les gens stupides ne parlent jamais.

*

Une conversation érudite est soit l'affectation d'un ignorant, soit la profession d'un homme mentalement désœuvré.

*

Les galeries de l'Académie royale sont bien trop vastes et vulgaires. Chaque fois que j'y suis allé, il y avait soit tant de monde qu'il m'était impossible de voir les peintures – ce qui est terrible –, soit tant de peintures qu'il m'était impossible de voir les gens – ce qui est pire.

*

La beauté, la vraie beauté, finit là où commence l'expression intellectuelle. L'intellect n'est lui-même qu'un mode d'exagération et détruit l'harmonie d'un visage. Dès que l'on s'assoit pour penser, on n'est plus qu'un nez ou un front, de toute façon quelque chose d'horrible.

*

Le seul charme du mariage est qu'il rend une vie de tromperie absolument nécessaire aux deux époux.

*

Le secret me paraît être la seule façon de nous rendre la vie moderne mystérieuse ou merveilleuse. La chose la plus commune peut devenir délicieuse, il suffit de la dissimuler.

*

La vanité est une des principales vertus, et pourtant peu de gens admettent qu'ils la recherchent et la prennent pour objectif. C'est dans la vanité que beaucoup d'hommes ou de femmes ont trouvé leur salut, pourtant la plupart des gens se traînent à quatre pattes en quête de modestie.

*

Il est difficile de ne pas être injuste envers ce que l'on aime.

*

L'humanité aura toujours de l'affection pour Rousseau parce qu'il a confessé ses péchés, non à un prêtre, mais au monde.

*

Ceux qui n'aiment pas Platon plus que la vérité ne peuvent pas franchir le seuil de l'Académie, de la même façon ceux qui n'aiment pas la beauté plus que la vérité ne connaîtront jamais les recoins les plus secrets de l'art.

*

Il y a une sinistre fatalité derrière toute distinction physique ou intellectuelle : le genre de fatalité qui semble poursuivre, à travers l'histoire, les pas titubants des rois. Il vaut mieux ne pas être trop différent de ses semblables.

*

Pour l'artiste, le vice et la vertu sont les matériaux de son art.

*

Il nous faut inventer un nouvel hédonisme qui recréera la vie et la sauvera de ce puritanisme dur et malséant qu'étrangement on voit renaître aujourd'hui. Sans doute devra-t-il intégrer l'activité de l'intellect, mais sans jamais accepter de théorie ou de système qui sacrifierait la moindre expérience passionnée. Le but de ce nouvel hédonisme, d'ailleurs, sera l'expérience elle-même et non les fruits de l'expérience, qu'ils soient doux ou amers. De l'esthétisme qui émousse les sens, comme du libertinage vulgaire qui les engourdit, il ne connaîtra rien. Mais il devra enseigner à l'homme comment se concentrer sur les moments d'une vie qui n'est elle-même qu'un court moment.

*

L'art n'exprime jamais autre chose que lui-même. Il a une vie indépendante, tout comme la pensée, et se développe purement à sa guise. Il n'est pas nécessairement réaliste si l'époque est réaliste, ni spirituel si l'époque est religieuse. Loin d'être une création de son temps, il est en général en opposition directe avec lui, et la seule histoire qu'il nous réserve est l'histoire de ses propres progrès.

*

Les gens qui ont de bonnes intentions s'en sortent toujours mal. Ils sont comme ces dames qui s'habillent très mal afin d'afficher leur piété. Les bonnes intentions sont invariablement non grammaticales.

*

L'homme peut croire à l'impossible, mais il ne peut pas croire à l'improbable.

*

Lorsque l'art sera plus varié, la nature prendra sans doute elle aussi des formes plus variées.

*

Si un homme a assez peu d'imagination pour produire des preuves à l'appui d'un mensonge, il pourrait tout aussi bien dire immédiatement la vérité.

*

Les historiens d'autrefois nous ont donné de délicieuses fictions en guise de faits ; le romancier moderne nous présente des faits ennuyeux en guise de fiction.

*

La nature n'est pas la mère qui nous a enfantés. Elle est notre création. C'est dans notre cerveau qu'elle s'éveille à la vie. Les choses existent parce que nous les voyons, et ce que nous voyons, comment nous le voyons, dépend des arts qui nous ont influencés. Il n'y a aucune commune mesure entre regarder et voir une chose. Pour voir quelque chose, il faut en voir la beauté.

*

La véritable école de l'art n'est pas la vie mais l'art.

*

Jamais je ne pourrais vous dire que le monde, la voix du monde, ou la voix de la société sont sans importance. Ils ont beaucoup d'importance. Ils ont beaucoup trop d'importance.

*

Je suis la seule personne au monde que j'aimerais connaître de fond en comble, mais cela m'est impossible pour le moment.

*

Ceux qui aujourd'hui écrivent leurs mémoires ont en général perdu tous leurs souvenirs et n'ont jamais rien fait qui vaille la peine qu'on s'en souvienne.

*

L'éducation est une chose admirable, mais il faudrait parfois se rappeler que rien de ce qui vaut la peine d'être connu ne peut s'enseigner.

*

Les femmes sont comme les adolescents, elles vivent de leurs « espérances ».

*

Un esprit tordu est tout aussi naturel pour certaines personnes qu'un corps tordu.

*

Chaque fois qu'un homme fait quelque chose de complètement idiot, c'est toujours pour les plus nobles raisons.

*

Je croyais ne pas avoir de cœur. Je m'aperçois que j'en ai un, ce qui ne me va pas du tout. Je ne crois pas que cela aille avec la mode d'aujourd'hui. Avoir un cœur nous vieillit et gâche notre carrière aux moments les plus critiques.

*

Je ne joue pas juste – tout le monde peut jouer juste – mais je joue avec énormément d'expression. En ce qui concerne le piano, le sentiment est mon fort. Je garde la science pour la vie.

*

J'adore les hommes de plus de soixante-dix ans. Ils proposent toujours de nous offrir toute une vie de dévotion.

*

Tous ceux qui sont incapables d'apprendre font carrière dans l'enseignement – voilà où nous a menés notre enthousiasme pour l'éducation.

*

La nature abhorre l'esprit.

*

Nous ne différons les uns des autres que par les accessoires – par le vêtement, les manières, le ton de voix, les opinions religieuses, l'apparence personnelle, quelques habitudes et autres choses du même genre.

*

Plus nous étudions l'art, moins la nature nous intéresse. Ce que l'art nous révèle vraiment est le manque de dessein dans la nature, ses étranges malfaçons, le fait qu'elle ne soit absolument pas terminée... Nous avons de la chance, toutefois, que la nature soit aussi imparfaite, car nous n'aurions autrement jamais eu d'art. L'art est notre protestation vigoureuse, notre courageuse tentative de montrer à la nature où est sa place. Quant à la variété infinie de la nature, ce n'est qu'un mythe pur et simple. On ne peut pas la trouver dans la nature elle-même. Elle réside dans l'imagination, dans les fantaisies ou dans la cécité volontaire de l'homme qui la regarde.

*

Les gens ordinaires attendent jusqu'à ce que la vie leur ait divulgué ses secrets, mais à quelques-uns, aux élus, les mystères de la vie sont révélés avant que le voile n'ait été retiré. L'art en est parfois responsable, principalement l'art de la littérature qui s'occupe directement des passions et de l'intellect. Mais par moments une personnalité complexe prend la place de l'art et en assume la fonction, elle est en fait, à sa manière, une véritable œuvre d'art, un chef-d'œuvre raffiné de la Vie, comme en créent la poésie, la sculpture ou la peinture.

*

Penser est une des plus dangereuses maladies du monde, et on en meurt comme de toute autre maladie.

*

La cigarette est le type parfait du parfait plaisir. Elle est exquise et nous laisse inassouvis.

*

L'objectif du menteur est simplement de charmer, d'enchanter, de faire plaisir. Il est la base de la société civilisée.

*

Il est tout à fait erroné de croire, comme le font beaucoup de gens, que l'esprit d'une personne se révèle dans son visage. Le vice s'inscrit parfois dans les lignes et leurs modifications, mais c'est tout. Notre visage est en réalité un masque qui nous a été donné pour dissimuler notre esprit.

*

La seule différence entre un caprice et une passion éternelle est que le caprice dure un peu plus longtemps.

*

On dit parfois que la beauté n'est que superficielle. C'est fort possible, mais elle est certainement moins superficielle que la pensée.

*

C'est du spectateur et non de la vie que l'art est en fait le miroir.

*

Aujourd'hui les gens connaissent le prix de tout et la valeur de rien.

*

Dans tous les domaines de la vie, c'est par la forme que tout commence. Les gestes rythmés et harmonieux de la danse transmettent à l'esprit, nous dit Platon, à la fois le rythme et l'harmonie. Les formes sont ce dont se nourrit la foi, s'est exclamé le cardinal Newman, dans un des ces grands moments de sincérité qui nous font comprendre et admirer l'homme. Il avait raison, quoiqu'il n'ait sans doute pas su à quel point il avait raison. Si les croyances existent, ce n'est pas parce qu'elles sont rationnelles mais parce qu'elles se répètent. Oui, la forme est tout. C'est le secret de la vie. Trouvez l'expression d'un chagrin et il vous deviendra cher. Trouvez l'expression d'une joie et elle deviendra une extase. Voulez-vous aimer ? Utilisez la litanie de l'amour et les mots créeront le désir d'où ils sont supposés surgir. Une peine corrode-t-elle votre cœur ? Plongez-vous dans la langue du chagrin, apprenez à l'exprimer comme l'ont fait le prince Hamlet et la reine Constance et vous remarquerez que le simple fait de l'exprimer est déjà une consolation et que cette forme, naissance de la passion, est aussi la mort de la douleur. Et donc, pour en revenir au domaine de l'art, c'est la forme qui crée non seulement le tempérament critique mais aussi l'instinct esthétique, ce sens infaillible qui nous révèle toutes choses dans des conditions de beauté. Commencez par vouer un culte à la forme et il n'est pas un secret de l'art qui ne vous sera révélé.

*

Seuls ceux qui sont intellectuellement perdus acceptent d'argumenter.

*

De nos jours la plupart des gens meurent d'une espèce de bon sens rampant et découvrent trop tard qu'il n'y a que les erreurs qu'on ne regrette jamais.

*

Ceux qui vont sous la surface des choses le font à leurs risques et périls.

*

Avec un habit noir et une cravate blanche, n'importe qui, même un agent de change, peut prétendre à une réputation de civilisé.

*

Il n'existe rien de plus intéressant que de raconter à un homme bon ou à une femme bonne à quel point on s'est mal conduit. La fascination intellectuelle est immense. Un des grands plaisirs de s'être mal conduit est que l'on a tant de choses à dire à ceux qui se sont bien conduits.

*

Pour retrouver sa jeunesse, il suffit de répéter les folies qu'on a commises.

*

N'épousez jamais une femme aux cheveux couleur de paille. Elles sont tellement sentimentales.

*

La raison pour laquelle nous avons tous tendance à faire l'éloge des autres est que nous avons peur pour nous-mêmes. Le fondement de l'optimisme est une immense terreur. Nous nous croyons généreux parce que nous attribuons à nos voisins les vertus qui pourraient nous être utiles. Nous faisons l'éloge de notre banquier afin de pouvoir mettre notre compte à découvert, et déclarons que le voleur de grand chemin est plein de qualités afin qu'il laisse nos poches tranquilles. J'ai le plus grand mépris pour l'optimisme.

*

L'art commence par la décoration abstraite, par des œuvres agréables de pure imagination dont le sujet est l'irréel et l'inexistant. C'est la première étape. Ensuite la vie est fascinée par cette nouvelle merveille et sollicite son admission dans ce cercle enchanté. L'art prend la vie comme matière première, la recrée et lui donne une forme nouvelle ; il est complètement indifférent à la réalité, invente, imagine, rêve et maintient entre lui et la réalité l'impénétrable barrière d'un style magnifique, d'un traitement décoratif ou idéal. La troisième étape apparaît lorsque la Vie prend le dessus et repousse l'Art dans le désert. C'est là la vraie décadence, et c'est de cette maladie que nous souffrons aujourd'hui.

*

Les bonnes intentions ont été la ruine du monde. Les seules personnes qui sont parvenues à faire quoi que ce soit sont celles qui n'avaient aucune intention.

*

Je n'accorde aucune attention à ce que disent les gens vulgaires et je n'interfère jamais avec ce que font les gens charmants.

*

Vous savez que je n'ai jamais été un champion du mariage. Le grand inconvénient du mariage est qu'il nous fait perdre notre égoïsme, or les gens sans égoïsme sont sans couleurs – ils manquent d'individualité. Il existe toutefois des personnes que le mariage rend plus complexes. Elles préservent leur égoïsme et y ajoutent un grand nombre d'ego. Elles sont forcées d'avoir plus d'une vie. Elles deviennent extrêmement bien organisées, ce qui est, me semble-t-il, le but de l'existence. En outre, toute expérience a sa valeur et, quoi que l'on puisse dire contre le mariage, il est certainement une expérience.

*

Je ne parle jamais en écoutant de la musique – en tout cas quand elle est bonne. Lorsque l'on écoute de la mauvaise musique, c'est un devoir de l'étouffer sous le bruit des conversations.

*

Lorsque les critiques sont en désaccord, l'artiste est en accord avec lui-même.

*

La foi est la chose la plus multiple que je connaisse. Nous sommes tous supposés croire à la même chose sous des formes différentes. C'est comme de manger à la même assiette avec des cuillères de couleurs différentes.

*

L'expérience n'a aucune valeur éthique, elle est simplement le nom que les hommes donnent à leurs erreurs. Les moralistes l'ont en général considérée comme une sorte d'avertissement, ils ont affirmé qu'elle était d'une certaine efficacité éthique dans la formation du caractère, ils l'ont louée parce qu'elle est supposée nous enseigner la voie à suivre et nous montrer ce qu'il faut éviter. Mais il n'y a pas de force motrice dans l'expérience. Elle ne nous fait pas plus agir que la conscience elle-même. En réalité, tout ce qu'elle prouve est que notre avenir ne sera pas différent de notre passé et que le péché que nous avons commis une fois, avec dégoût, nous le répéterons à maintes occasions, et avec joie.

*

Les sensations sont les détails qui construisent l'histoire de notre vie.

*

Aucun artiste n'a de sympathies éthiques. Pour un artiste, avoir une sympathie éthique est un impardonnable maniérisme de style.

*

Je n'avais encore jamais compris ce qu'était la terreur ; maintenant je le sais. C'est comme si une main de glace venait se poser sur notre cœur. C'est comme si notre cœur palpitait à mort au fond d'un gouffre.

*

Les artistes ne cherchent pas à démontrer. Même les choses vraies peuvent être démontrées.

*

Nous savons bien ce que la santé veut dire. Un gentleman anglais à la campagne qui galope après un renard – l'ineffable poursuivant l'immangeable.

*

Les gens racontent rarement des vérités qui valent la peine d'être dites. Nous devrions choisir nos vérités avec autant d'attention que nous choisissons nos mensonges et faire une sélection de nos vertus avec autant de soin que nous mettons à sélectionner nos ennemis.

*

L'âme et le corps, le corps et l'âme – comme ils sont mystérieux ! Il y a de l'animalité dans l'âme et le corps a ses moments de spiritualité. Les sens peuvent affiner et l'intellect peut avilir. Qui peut dire où cessent les pulsions charnelles et où commencent les pulsions psychiques ? Comme les définitions établies par les psychologues ordinaires sont creuses ! Et pourtant, comme il est difficile de faire un choix parmi les différentes écoles ! L'âme est-elle une ombre située dans la maison du péché ? Ou le corps est-il en fait logé dans l'âme, comme le pensait Giordano Bruno ? La séparation de l'esprit et de la matière est un mystère, un mystère aussi l'union de l'esprit et de la matière.

*

Ceux qui trouvent de belles significations dans les belles choses sont les gens cultivés. Pour eux, il y a de l'espoir.

*

Dire d'un livre qu'il est moral ou immoral n'a pas de sens. Un livre est bien ou mal écrit – c'est tout.

*

Le mariage est une sorte de serre chaude. Il fait fructifier d'étranges péchés, et parfois d'étranges renoncements.

*

La vie morale fait partie des thèmes de l'artiste, mais la moralité de l'art consiste en un usage parfait d'un médium imparfait.

*

Le sens du devoir est semblable à quelque horrible maladie. Il détruit le tissu de l'esprit, comme certaines affections détruisent les tissus du corps. Le catéchisme en est en grande partie responsable.

*

Ceux qui trouvent des significations affreuses dans les belles choses sont corrompus sans être charmants. Il s'agit d'une faute.

*

Une vertu est semblable à une ville sur une montagne – on ne peut la cacher. Nous pouvons dissimuler nos vices si nous le voulons – un moment en tout cas –, mais la vertu est exposée aux yeux de tous.

*

Vous n'avez aucune idée de l'existence qu'ils mènent là-bas. Une vie campagnarde simple et implacable. Ils se lèvent tôt parce qu'ils ont tant à faire et se couchent tôt parce qu'ils ont si peu à penser.

*

S'il est une chose qui détruit la personnalité, c'est bien la fidélité aux promesses ; peut-être aussi le goût de la vérité.

*

Le rire n'est pas un mauvais début pour une amitié, c'est aussi de loin la meilleure façon de la terminer.

*

Le monde divise les actions en trois catégories : les bonnes actions, les mauvaises actions que l'on peut commettre et les mauvaises actions que l'on ne peut pas commettre. Si vous vous en tenez aux bonnes actions, vous serez respecté par les bons. Si vous vous en tenez aux mauvaises actions que vous pouvez commettre, vous serez respecté par les mauvais. Mais si vous commettez les mauvaises actions que personne ne doit commettre, alors les bons et les mauvais s'acharneront sur vous et vous serez réellement perdu.

*

Je choisis mes amis pour leur bonne mine, mes connaissances pour leur bon caractère et mes ennemis pour le bon usage qu'ils font de leur intellect.

*

Selon moi le mot « naturel » évoque tout ce qui est classe moyenne, tout ce qui est de l'essence du chauvinisme, tout ce qui est terne et informe, tout ce qui est creux. C'est sans doute un très beau mot, mais c'est la pièce la plus dévaluée de la monnaie du langage.

*

J'ai pitié de toute femme qui épouse un homme du nom de John. Elle n'aura sans doute jamais l'occasion de sentir ce plaisir exquis qu'est un instant de solitude.

*

Ce n'est qu'une fois que nous avons appris à aimer l'oubli que nous avons appris l'art de vivre.

*

Révéler l'art et dissimuler l'artiste, tel est le but de l'art.

*

Le monde, pris « en masse », est un monstre, bourré de préjugés, rempli de préventions, rongé par ce qu'il appelle les vertus, un puritain, un poseur. Or l'art de la vie est l'art du défi. Défier – voilà ce pour quoi nous devrions vivre, au lieu de vivre, comme nous le faisons, en acquiesçant.

*

Une critique créatrice ressemblera toujours à l'œuvre qui l'a produite, pourtant cette ressemblance ne sera pas celle qui existe entre la nature et le miroir que le paysagiste ou le portraitiste est supposé tenir devant elle mais entre la nature et l'œuvre du décorateur. Tout comme les tulipes et les roses fleurissent dans les tapis persans aux motifs abstraits – et elles sont magnifiques à observer, bien qu'elles ne soient pas reproduites dans les formes ou dans les lignes –; tout comme la perle et la pourpre du coquillage se retrouvent partout dans l'église de Saint-Marc à Venise; tout comme le plafond voûté de la merveilleuse chapelle de Ravenne resplendit de l'or, du vert et du saphir des queues de paon, bien que les oiseaux de Junon n'y volent pas; de même le critique reproduit l'œuvre dont il parle selon un mode qui n'est jamais imitatif et dont le charme vient sans doute en partie d'avoir rejeté toute ressemblance, car il nous montre de la sorte non seulement le sens mais aussi le mystère de la beauté; en outre, en transformant chaque art en littérature il résout une fois pour toutes le problème de l'unité de l'art.

*

Une grande diversité d'opinions au sujet d'une œuvre d'art témoigne de sa nouveauté, de sa complexité et de sa vitalité.

*

Il m'est extrêmement douloureux de découvrir de la vertu chez quelqu'un que j'en croyais démuni. C'est comme de trouver une aiguille dans une meule de foin. Elle vous pique. Si nous sommes vertueux, il faut en prévenir autrui.

*

Le critique est celui qui est capable de traduire d'une autre façon ou avec de nouveaux matériaux son émotion devant les belles choses.

*

Si l'on a l'intention d'être bon, il faut en faire profession. C'est la plus accaparante profession du monde.

*

J'aime la musique de Wagner plus que celle de tout autre compositeur. Elle est si bruyante qu'il est possible de continuer à parler sans que les autres vous entendent.

*

Tout art est à la fois surface et symbole.

*

L'enfance n'est qu'une longue carrière d'innocente écoute aux portes pour entendre ce qu'on devrait ignorer.

*

La plus haute et la plus basse forme de critique est le genre autobiographique.

*

Les seules choses qui valent la peine d'être dites sont celles que nous oublions, tout comme les seules choses qui valent la peine d'être faites sont celles qui surprennent le monde.

*

La maturité n'est qu'une longue carrière au cours de laquelle on dit ce qu'il ne faudrait pas dire. C'est précisément l'art de la conversation.

*

La vertu n'est en général qu'une sorte d'imperfection, tout comme le vice est une affirmation de l'intellect.

*

Les gens enseignent pour cacher leur ignorance tout comme les gens sourient pour cacher leurs pleurs.

*

Être dénaturé est souvent un signe de grandeur. Être naturel n'est en général qu'un signe de stupidité.

*

Mentir avec finesse est un art, dire la vérité n'est rien d'autre qu'agir en conformité avec la nature.

*

Les gens qui font valoir la raison sont comme ceux qui cassent des cailloux sur les routes : ils vous couvrent de débris et de poussière.

*

Un écho est souvent plus beau que la voix qu'il répète.

*

Sentences philosophiques à l'usage de la jeunesse

Dans la vie, le premier devoir est d'être aussi artificiel que possible. Personne n'a encore découvert quel était le second devoir.

*

La perversité est un mythe inventé par les bonnes gens pour expliquer l'étrange attrait des autres.

*

Ceux qui voient une différence entre l'âme et le corps n'ont ni l'une ni l'autre.

*

Une fleur magnifique à la boutonnière est le seul lien entre l'art et la nature.

*

Les religions meurent quand il a été prouvé qu'elles étaient vraies. La science est le livre des religions mortes.

*

Les gens bien élevés contredisent les autres. Les gens sages se contredisent eux-mêmes.

*

Rien de ce qui arrive réellement n'a la moindre importance.

*

Un esprit obtus n'était que sérieux avant d'atteindre l'âge adulte.

*

Quelqu'un qui dit la vérité peut être certain qu'un jour ou l'autre il sera découvert.

*

Le plaisir est la seule chose pour laquelle il vaut la peine de vivre. Rien ne vieillit autant que le bonheur.

*

Ce n'est qu'en refusant de payer ses factures que l'on peut assurer sa survie dans la mémoire des classes commerçantes.

*

Un crime n'est jamais vulgaire, mais toute vulgarité est un crime. La vulgarité, c'est la conduite des autres.

*

Seul les gens superficiels savent de quoi ils sont faits.

*

Le temps est une perte d'argent.

*

On devrait toujours être légèrement improbable.

*

La seule façon de se faire pardonner d'être parfois un peu trop bien habillé est d'être toujours beaucoup trop cultivé.

*

Être précoce, c'est être parfait.

*

L'ambition est l'ultime refuge de l'échec.

*

Une vérité cesse d'être une vérité lorsque plus d'une personne y croit.

*

Pendant les examens, les imbéciles posent des questions auxquelles les sages ne peuvent répondre.

*

Les vêtements des Grecs n'étaient pas, dans leur essence, artistiques. Seul le corps devrait révéler le corps.

*

Il faudrait ou bien être une œuvre d'art ou bien porter une œuvre d'art.

*

Seules les qualités superficielles durent. La nature profonde de l'homme ne reste pas longtemps secrète.

*

L'industrie est la cause de toute laideur.

*

Les époques vivent dans l'histoire du fait de leurs anachronismes.

*

Les vieux croient tout. Les gens d'âge moyen soupçonnent tout. Les jeunes savent tout.

*

La condition de la perfection est l'oisiveté : le but de la perfection est la jeunesse.

*

Seuls les grands maîtres du style parviennent à être obscurs.

*

Il est tragique de voir qu'aujourd'hui, en Angleterre, il y a tant de jeunes gens qui démarrent dans la vie avec les meilleures espérances et qui finissent par embrasser quelque profession utile.

*

S'aimer soi-même est le début d'une vie de passion amoureuse.

La vérité des masques

« Il ne faut regarder ni les choses ni les personnes. Il ne faut regarder que dans les miroirs. Car les miroirs ne nous montrent que des masques. » (Un des derniers aphorismes d'Oscar Wilde, écrit en français.)

Hugo von Hofmannsthal, dans un essai sur Oscar Wilde, fit remarquer que « le destin de cet homme aura été de porter successivement trois masques : Oscar Wilde, C.3.3. et Sebastian Melmoth ». Le premier masque était celui que lui avaient donné ses parents (Oscar Fingal O'Flahertie Wills Wilde) ; le deuxième était le numéro de la cellule qui lui avait été attribuée à la prison de Reading ; il avait lui-même choisi son troisième masque, celui des dernières années de sa vie, après sa libération. C'est ce masque qui apparaît comme titre sur la couverture de l'édition originale du recueil d'aphorismes traduit en partie ici : *Sebastian Melmoth.*

Au printemps 1877, lors d'un voyage en Italie, Oscar Wilde s'arrêta à Gênes, et fut bouleversé par le *Saint Sébastien* de Guido Reni ; quelques semaines plus tard, après s'être recueilli sur la tombe de Keats à Rome, il écrivit : « La vision du *Saint Sébastien* de Guido, tel que je l'avais vu à Gênes, me revint, un magnifique garçon aux boucles brunes et épaisses, aux lèvres rouges, attaché à un arbre par ses sinistres ennemis ; bien que transpercé de flèches, il lève des yeux pleins de passion divine en direction de la Beauté éternelle du Paradis qui s'ouvre à lui. » Toute sa vie il s'est souvenu du *Saint Sébastien*. Quant à Melmoth, c'est le nom du personnage solitaire, mystérieux et satanique rejeté par tous, le héros de *Melmoth ou l'homme errant*, roman célèbre de son grand-oncle, le révérend Charles Maturin.

Les aphorismes traduits ici ont été publiés en 1904, quatre ans après la mort de leur auteur, par Arthur L. Humphreys, qui s'appuyait sur un recueil « analogue » qu'il avait lui-même publié en 1895 sous le titre *Oscariana : Epigrams*. Une lettre de Wilde à Humphreys (novembre 1894) nous apprend que « le livre [*Oscariana*], dans son état actuel, est tellement mauvais, tellement décevant, que je suis en train d'écrire une nouvelle série d'aphorismes et que je vais devoir changer une grande partie du texte. Les pièces de théâtre, tout particulièrement, sont mal représentées. De longs passages sont cités là où un aphorisme aurait suffi. Ce livre, s'il est bien fait, devrait être quelque chose de magnifique [...]. Mais le faire correctement demande du temps, et je suis très occupé, j'ai tant de choses à faire ; j'y travaille cependant un peu tous les matins. [...] Après la publication de *L'Œillet vert*, ce livre, du "vrai Oscar Wilde", devrait être très raffiné et distingué. »

Le recueil de 1904 s'intitulait simplement *Sebastian Melmoth*, Oscar Wilde n'étant mentionné qu'entre crochets. En 1894, Oscar Wilde travaillait donc sur le recueil, et s'il n'a pas pu en terminer la révision, c'est sans doute parce qu'en avril 1895 il était en prison. Le livre a été achevé par sa femme et par son éditeur ; il est peu probable, toutefois, qu'ils aient publié un texte sans l'accord de Wilde.

À l'exception des *Sentences philosophiques à l'usage de la jeunesse*, publiées en revue en décembre 1894, ces aphorismes, tous tirés des œuvres d'Oscar Wilde, avaient parfois été légèrement modifiés, dans un souci constant de donner de leur auteur une image plus respectable. Un exemple parmi d'autres : dans *Le Critique comme artiste*, il avait écrit : « L'humanité aura toujours de l'affection pour Rousseau parce qu'il a confessé ses péchés devant le monde et non devant un prêtre. » Dans l'édition de 1904, « prêtre » est devenu « ami ». C'est le texte original de Wilde qui a été traduit ici, l'ordre du recueil a cependant été respecté, quoique certains aphorismes, trop datés, n'aient pas été retenus. Il ne faut pas oublier non plus que le texte avait été retravaillé par Wilde et que deux des pièces de théâtre, *Un mari idéal* et *Il importe d'être constant*, n'ont été publiées qu'en 1899, après avoir subi de nombreux changements lors de la mise en scène.

Cet ensemble donne un aperçu de la pensée et de l'esprit de Wilde, et si les aphorismes sont parfois contradictoires, ils n'en sont pas moins – précisément – le reflet exact de sa personnalité. Wilde, en public, offrait un tel feu d'artifice de mots d'esprit et de paradoxes que le poète Yeats a dit qu'il donnait l'impression de les avoir préparés à l'avance ; il était, avant ses démêlés avec la justice, très sollicité par la bonne société londonienne, qui appréciait son talent d'improvisateur. Dans ses œuvres publiées, il est parvenu à retrouver cet esprit pétillant afin que, lues ou mises en scène, leur légèreté fasse justement penser à sa conversation ; c'est d'ailleurs pour préserver le ton de l'improvisation que deux de ses grands textes critiques ont été écrits sous forme de dialogues. Pour Wilde, il n'y avait aucune différence entre écriture et conversation ; en 1897, il a confié à André Gide : « Ma vie est pareille à une œuvre d'art. Un artiste ne recommence jamais deux fois la même chose. »

Enfin, on pourrait rapprocher Oscar Wilde d'un écrivain, apparemment éloigné de lui : Samuel Beckett (encore qu'ils aient fréquenté la même école, à des époques différentes). Oscar Wilde écrivit dans *Une Femme sans importance* : « Dans un temple, tout le monde devrait être sérieux à l'exception de l'objet du culte. » Soixante ans plus tard, dans *L'Innommable*, Beckett écrit : « Il est plus facile d'élever un temple que d'y faire descendre l'objet du culte. » En renvoyant, comme dans un miroir, une image inversée de l'esprit d'Oscar Wilde, Beckett rendait sans doute hommage à son compatriote.

BERNARD HŒPFFNER

Vie d'Oscar Wilde

1854. Naissance d'Oscar Fingal O'Flahertie Wills Wilde à Dublin le 16 octobre. Son père est un chirurgien célèbre et sa mère écrit des poèmes nationalistes sous le nom de plume de Speranza. Charles-Robert Maturin, l'auteur de *Melmoth ou l'homme errant*, est son grand-oncle maternel.

1864-1873. Oscar est élève à la Portora Royal School, à Enniskillen, puis au Trinity College, à Dublin ; il apprend le français, le latin et le grec. Très tôt, il se distingue des autres étudiants par l'extravagance de ses vêtements et de ses opinions.

1874-1879. Études brillantes au Magdalen College d'Oxford. Ses premiers poèmes sont publiés dans de nombreuses revues irlandaises et anglaises (le poème *Ravenna* obtient le Newdigate Prize en 1878). Oscar Wilde proclame très haut la doctrine artistique de l'esthétisme et son non-conformisme s'accentue. En 1875, Wilde est amoureux de Florence Balcombe, qui, trois ans plus tard, épousera Bram Stoker, l'auteur de *Dracula*.

1880. Oscar Wilde s'installe à Londres où son excentricité, l'aisance avec laquelle il émaille sa conversation de bons mots, ses paradoxes, ses attaques de la « bonne société » victorienne anglaise, ses prises de position en faveur de « l'art pour l'art » le rendent vite célèbre.

1881-1883. Publication de son premier recueil de poèmes. Il part aux États-Unis faire une série de conférences, puis à Paris, où il fait connaissance avec les principaux écrivains français de l'époque. Il donne une série de conférences en Angleterre sur le thème de « La maison magnifique ». Publication de sa première pièce de théâtre : *La Duchesse de Padoue*. Une autre pièce, *Vera*, est montée à New York sans beaucoup de succès.

1884-1886. Il épouse Constance Mary Lloyd, qui lui donne deux fils : Cyril en 1885 et Vyvyan en 1886. Son premier essai important, *La Vérité des masques*, sur Shakespeare, est publié en revue.

1887-1891. Il écrit ses premières nouvelles, publiées en 1888 : *Le Prince heureux et autres contes*. Deux essais sortent en revue en 1889, *Le Déclin du mensonge* et *Pen, Pencil and Poison*, et deux autres, *Le Critique comme artiste* et *L'Âme de l'homme sous le socialisme*, l'année suivante. En 1891, parution de deux recueils de nouvelles, *Le Crime de lord Arthur Savile et autres contes* et *Une maison de grenades*, d'un recueil d'essais, *Intentions*, et de son unique roman, *Le Portrait de Dorian Gray*. Le livre choque le public anglais ; dans sa préface, Oscar Wilde annonçait : « Dire d'un livre qu'il est moral ou immoral n'a pas de sens. Un livre est bien ou mal écrit – c'est tout. » Bien que ce livre ait précédé sa rencontre avec lord Alfred Douglas et la passion qui les unira, on est frappé par la prescience du sort qui allait bientôt frapper son auteur.

1892-1894. Oscar Wilde écrit des comédies, critiques acerbes de la « bonne société » anglaise, qui renouvellent radicalement le théâtre anglais. *L'Éventail de lady Windermere* est mis en scène à Londres et remporte un grand succès ; *Salomé*, tragédie qu'Oscar Wilde avait écrite en français, est interdite en Angleterre (elle sera publiée un an plus tard et mise en scène en France en 1896 avec Sarah Bernhardt dans le rôle de Salomé). *Une femme sans importance* est montée en 1893. Publication en revue de *Sentences philosophiques à l'usage de la jeunesse* en 1894. La même année, *Salomé*, traduite en anglais par Lord Alfred Douglas lui-même et illustrée par Aubrey Beardsley, est publiée en Angleterre.

1895-1897. Wilde intente un procès pour diffamation contre le marquis de Queensberry, qui l'accusait de pervertir son fils, lord Alfred Douglas ; le procès devient très vite celui d'Oscar Wilde – revanche de la société victorienne bien-pensante contre l'artiste qui l'avait tournée en dérision. Il est jugé pour homosexualité et condamné à deux ans de travaux forcés le 27 mai 1895. Deux de ses pièces sont mises en scène : *Un mari idéal* et, la plus célèbre, *Il importe d'être constant.* À l'expiration de sa peine, le 19 mai 1897, Oscar Wilde se réfugie en Bretagne, à Berneval, et prend le nom de Sebastian Melmoth.

1898-1900. Décès de sa femme. Il s'installe à Paris, où il restera jusqu'à sa mort. Publication de *La Ballade de la geôle de Reading*. Après un voyage à Rome et à Naples au printemps 1900, Oscar Wilde succombe à une méningite cérébrale le 30 novembre à l'hôtel d'Alsace, à Paris. Il est enterré au cimetière du Père-Lachaise. *De Profundis*, le testament d'Oscar Wilde, à l'origine une lettre écrite de prison à lord Alfred Douglas à qui l'auteur reprochait son silence, sera publié cinq ans après sa mort dans une version abrégée et dans sa totalité quarante-quatre ans plus tard.

Repères bibliographiques

Ouvrages d'Oscar Wilde

- *Œuvres*, 2 vol., Stock, 1975-1992.
- *Le Crime de lord Arthur Savile et autres contes*, Gallimard, collection Folio, 1975.
- *Le Déclin du mensonge*, Complexe, collection Le Regard littéraire, 1986.
- *La Duchesse de Padoue*, Ressouvenances, 1986.
- *Une femme sans importance*, Ressouvenances, 1986.
- *Silentium amoris et autres poèmes*, Ressouvenances, 1987.
- *La Critique créatrice*, Complexe, collection Le Regard littéraire, 1989.
- *L'Âme de l'homme sous le socialisme*, Avatar, Arènes, 1990.
- *De profundis ; Lettres sur la prison*, Gallimard, collection Folio Essais, 1991.
- *Le Portrait de Dorian Gray*, Gallimard, collection Folio, 1991.
- *Salomé*, Ombres, Petite bibliothèque Ombres, 1991.
- *Il importe d'être constant*, Presses Pocket, 1992.
- *Le Portrait de Mr W. H.*, Maren Sell, 1992.
- *L'Éventail de lady Windermere*, Ressouvenances, 1993.
- *Poèmes en prose*, Ressouvenances, 1993.
- *La Ballade de la geôle de Reading*, Verdier, 1994.
- *Lettres*, Gallimard, collection Du monde entier, 1994.

Études sur Oscar Wilde

- AMOR (Anne Clark), *Madame Oscar Wilde : une femme face au scandale*, Perrin, 1984.
- BRANDYS (Kasimierz), *Hôtel d'Alsace et autres adresses*, Gallimard, 1992.
- ELLMAN (Richard), *Oscar Wilde*, Gallimard, 1994.
- GIDE (André), *Oscar Wilde : in memoriam (souvenirs), le* De profondis, Mercure de France, 1989.
- HOLLAND (Vyvyan), *Fils d'Oscar Wilde*, Flammarion, 1977.
- LANGLADE (Jacques de), *La Mésentente cordiale*, Julliard, 1994.
- MERLE (Robert), *Oscar Wilde*, Perrin, 1984.

La Petite Collection des éditions Mille et une nuits

En 1993, les éditions Mille et une nuits lancent un concept éditorial révolutionnaire : « le livre à 10 francs ».

Dès la parution du premier volume de la Petite Collection, le succès est immédiat : la *Lettre sur le bonheur* d'Épicure se vend à plus de 100 000 exemplaires.

Depuis, plus de 600 titres ont été publiés : textes essentiels, propositions éclectiques dans les domaines de la littérature, des beaux-arts et des sciences humaines, depuis l'Antiquité jusqu'à nos jours, écrits méconnus de grands auteurs ou textes puissants d'auteurs injustement oubliés.

Accessible à tous par son prix et son format, la Petite Collection s'adresse aux curieux, lecteurs occasionnels ou avertis, esthètes. Elle présente des livres réjouissants, beaux et bons à la fois.

Depuis mars 2020, vos libraires participent à la programmation éditoriale de la Petite Collection. Ils choisissent avec nous, éditeurs, les nouveautés et leurs couvertures. N'hésitez pas à leur faire part de vos envies de lecture !

UN LIVRE A LE MÊME PRIX PARTOUT

Composition réalisée par Belle Page

39.2145.1/04
Achevé d'imprimer en juillet 2021
par La Nouvelle Imprimerie Laballery (Clamecy, France).
Dépôt légal : avril 2020 - N° d'impression : 107508